Lorie Karnath

Verwegene Frauen

Weiblicher Entdeckergeist und die Erforschung der Welt

Mit 101 Abbildungen

Aus dem Englischen von
Ursula Bischoff

terra magica

Für Carole,
der wir Besonnenheit und ein noch größeres
Maß an Kühnheit verdanken.

»Frauen müssen versuchen, ihre Ziele zu verwirklichen,
so wie Männer es getan haben. Falls sie scheitern,
sollte ihr Misserfolg eine Herausforderung für andere sein.«

Amelia Earhart, »Last Flight«

Inhalt

Vorwort 11

Die Gründung des *Explorers Club* 13

Pionierinnen: Frauen entdecken die Welt

Prinzessin Alfhild 20

Gudridur Thorbjarnardottir 24

Grace O'Malley 27

Jeanne Baret 31

Sacajawea 33

Lady Hester Lucy Stanhope 36

Ida Pfeiffer 44

Isabella Lucy Bird Bishop 50

Alexandrine Pieternella Françoise Tinné 56

Lady Florence Baker 59
Kate Marsden 61
Gertrude Margaret Lowthian Bell 64
Mary Kingsley 70
Isabelle Eberhardt 73
Annie Smith Peck 75
Exkurs: Reisegarderobe 77
Ruth Harkness 80

Moderne Zeiten: Frauen erobern eine Männerdomäne

»Ladies' Night« im *Explorers Club* 88
Die *Society of Women Geographers* 89
Amelia Earhart 92
Exkurs: Die Maskottchen des Explorers Club 98
Amy Johnson 102
Margaret Mead 103
Osa Johnson 107
Delia Akeley 110
Joan Wells Root 113

Die Wende: Der *Explorers Club* öffnet seine Tore

Die ersten weiblichen Mitglieder 118
Der *Explorers Club* im Lowell-Thomas-Gebäude 119
Die Flaggen des *Explorers Club* 124
Auszeichnungen des *Explorers Club* 130
Die erste Präsidentin des *Explorers Club* 135

Frauen erforschen die Pole 139

Exkurs: Wegbereiterinnen in der Arktis 140

Ann Bancroft und Liv Arnesen 144

Kristin Larson 147

Frauen forschen zu Land 153

Mary Nicol Leakey 155

Jane Goodall 159

Dian Fossey 161

Biruté Galdikas 165

Anna Curtenius Roosevelt 168

Margaret Lowman 171

Julianne Chase 175

Frauen erforschen das Meer 181

Eugenie Clark 183

Sylvia Earle 185

Anne Doubilet 188

Frauen erforschen den Weltraum 194

Walentina Wladimirowna Tereschkowa 195

Sally Kristen Ride 196

Mae Carol Jemison 199

Kathryn Dwyer Sullivan 200

Wings WorldQuest – Milbry Polk und Leila Hadley Luce 202

Was zu erforschen bleibt 206
Schlusswort 211

Anhang

Literatur 215
Bildnachweis 217
Dank 220

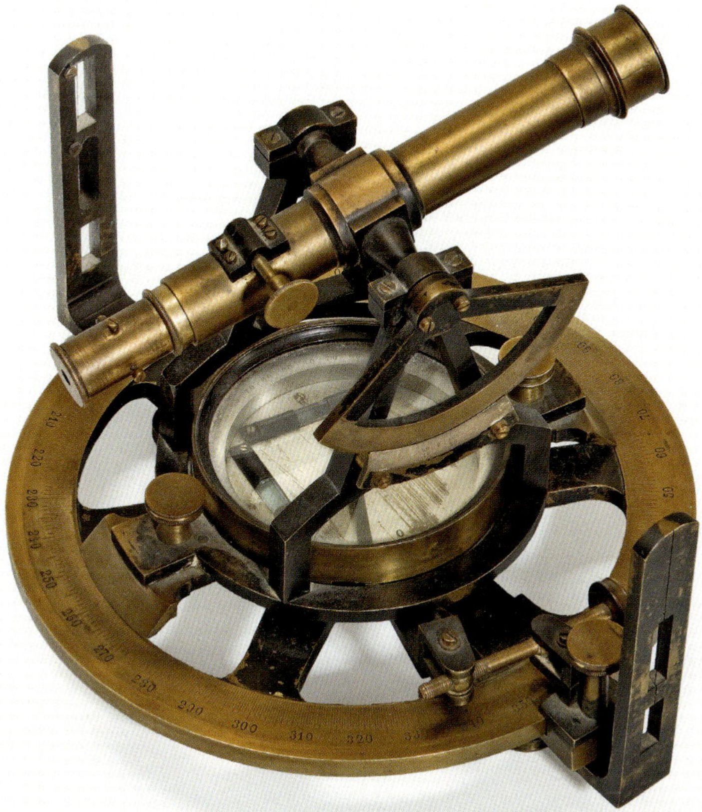

Vorwort

Als Henry Collins Walsh und seine Mitstreiter 1904 den *Explorers Club*, eine der wichtigsten Einrichtungen dieser Art, gründeten, galt die Erforschung der Welt als Privileg, das den Wohlhabenden vorbehalten war. Da Frauen damals keine herausragende Rolle bei diesem Vorhaben zugeschrieben wurde, etablierte sich der Club als reine Männergesellschaft. Heute versteht er sich als wissenschaftliche Forschungsgemeinschaft mit dem Ziel, die verborgenen und offenkundigen Geheimnisse der Welt zu ergründen und zu schützen, obwohl der Gedanke an den wissenschaftlichen Kontext und den Erhalt der Umwelt bei den ersten Expeditionen eine untergeordnete Rolle gespielt haben dürfte. Zu einer Zeit, als ein großer Teil der geografischen Regionen noch unkartografiert war, war der Wunsch vorherrschend, die Welt am Ende des Horizontes kennenzulernen und sich immer neuen Herausforderungen zu stellen. Dies war die wichtigste Antriebskraft der damaligen Feldforschung. Es war eine Zeit des Aufbruchs, in der die Gebrüder Wright die ersten Versuche mit ihren Fluggeräten unternahmen und der Wettlauf zu den Polen stattfand – epochale Ereignisse, die dazu dienten, die Fantasie der Menschen anzuregen und die Forscher zu inspirieren. Obwohl die Neugier auf alles Neue geschlechterübergreifend war, kam keiner der Gründerväter des *Explorers Club* auf die Idee, die Aufnahme von Frauen auch nur in Erwägung zu ziehen.

Seit ihrem Debüt im Jahre 1904 war fast jeder männliche Forscher, der einen Namen auf seinem Gebiet hatte, Mitglied dieser legendären Organisation, einschließlich der ersten Männer, die den Nord- und Südpol erreichten, den Mount Everest bestiegen oder auf dem Mond landeten. Doch was war mit ihren weiblichen »Kolleginnen«? Erst 1981, 77 Jahre nach der Gründung des Clubs, wurden die ersten Frauen zugelassen. Inzwischen haben die meisten international anerkannten Spitzenforscherinnen und -entdeckerinnen die geheiligten Hallen der Clubzentrale im Lowell-Thomas-Gebäude an der East 70th Street in New York City mit ihrer Anwesenheit beehrt. Doch viele Frauen dachten damals gar nicht daran, die Hände in den Schoß zu legen und auf grünes Licht zu warten, sondern rückten aus, um der Welt der Abenteuer und Entdeckungen ihren eigenen Stempel aufzudrücken. Seit Anbeginn der Forschungsgeschichte waren Frauen bei Unternehmen aller Art mit von der Partie. Sie übernahmen eine breit gefächerte Palette von Aufgaben, von der Beschaffung der finanziellen Mittel bis hin zur Werbung im Dienste einer guten Sache. Diejenigen, die sich in typische Männerdomänen vorwagten, wurden mit schier unüberwindbaren Hindernissen konfrontiert, weit über die Schwierigkeiten und Gefahren ihrer spezifischen Forschungsaktivitäten hinaus, die ohnehin schon ein beträchtliches Maß an Mut erforderten. Um diese Barrieren zu überwinden, bewiesen sie enorme Findigkeit, verkleideten sich als Mann, reisten als blinder Passagier in ferne Länder, erklommen trotz lästiger Unterröcke Berggipfel und entwarfen schließlich sogar ihre eigene Ausrüstung. Obwohl sie oft befürchten mussten, durch die Verwirklichung ihrer Träume gesellschaftlich in Misskredit zu geraten, gehörte dieses Risiko für sie zu den Unwägbarkeiten der Exploration, für die sie alles aufs Spiel setzten, Familie und Freunde eingeschlossen. Sie wollten einen Beitrag zur Entschlüsselung und Entdeckung der Welt und des Universums leisten. Während Frauen in der Vergangenheit nur wenig Ruhm ernteten, verglichen mit ihren männlichen Kollegen, die – teilweise wesentlich später – ähnliche Erfolge verbuchen konnten, wird ihnen heute in zunehmendem Maß die gebührende Anerkennung zuteil. Das liegt daran, dass viele der ersten Explorationen und Spitzenleistungen durch umfassende schriftliche Aufzeichnungen, Illustrationen und Fotografien historisch belegt sind. Ein weiterer Beweis für die bedeutenden Beiträge der Entdeckerinnen und Grund für deren schlussendliche Anerkennung ist die Tatsache, dass in der relativ kurzen Zeitspanne seit der erstmaligen Zulassung in den *Explorers Club* schätzungsweise ein Drittel der Vorstandsmitglieder weiblich waren und heute viele Frauen den Vorsitz über Ortsverbände dieser Institution führen.

Die Gründung des *Explorers Club*

Das Bedürfnis, den Dingen auf den Grund zu gehen und die Welt zu erforschen, ist tief im Menschen verwurzelt. Dabei geht es weniger um Abenteuer als vielmehr um persönliche Erfahrungen. Die Suche nach Erkenntnis und die Aufdeckung der Geheimnisse und Wunder, die sich in der ungezähmten Wildnis der Natur verbergen, sind ein zentrales Anliegen des Menschen. Dass die Pole erreicht und die höchsten Berge der Erde bezwungen wurden, hat unserem Forschungseifer keinen Abbruch getan. »Entdeckungsreisen« gehören zum Leben, jeder Tag bietet neue Abenteuer, die den Forschergeist beflügeln. Die ersten Forscherinnen und Entdeckerinnen, die diesen Drang verspürten, sahen sich einer Vielzahl von Herausforderungen gegenüber, insbesondere gesellschaftlichen und kulturellen Hindernissen, und infolgedessen war der Zugang zu Fördergeldern für ihre Explorationen begrenzt. Doch der Forscherdrang ist nur schwer einzudämmen und so griffen Frauen zu einfallsreichen Mitteln, um ihre Vorhaben zu finanzieren und zu realisieren. Dazu gehörte unter anderem die Veröffentlichung von Fachliteratur, die oft reißenden Absatz fand und den wichtigen Beitrag in ihrem Forschungsbereich klar umriss, sodass es rückwirkend leichter ist, ihnen die gebührende Anerkennung zuteil werden zu lassen.

Henry Collins Walsh

Bei seiner Gründung verschrieb sich der *Explorers Club* dem Ziel, die Forschung und Entdeckungsreisen zu fördern. Er wurde auf Geheiß des Journalisten und Abenteurers Henry Collins Walsh ins Leben gerufen, der Gesinnungsgenossen wie Arthur Donaldson Smith, Adolphus Greely, David Brainard, Carl Lumholtz und Marshall Saville um sich scharte; sie waren fasziniert von dem Gedanken, ferne Länder zu bereisen und ein Forum für Interaktion und Ideenaustausch zu entwickeln. Man hoffte, dass es einer Gruppe, die sich explizit auf Forschung und Entdeckung konzentrierte, eher gelingen würde, in bisher unerreichte Regionen vorzudringen und einen Teil der zahlreichen Geheimnisse der Erde zu entschlüsseln. Am 28. Mai 1904 versammelten sich 50 namhafte Forscher und Entdecker in den Räumlichkeiten der renommierten *Aldine Association* an der Fifth Avenue in New York. Dieser Abend, an dem der *Explorers Club* feierlich aus der Taufe gehoben wurde, war eine rein männliche Veranstaltung. Der *Explorers Club* wurde im Anschluss daran offiziell als Körperschaft eingetragen und am 25. Oktober 1905 fand die erste reguläre Sitzung statt, an der die Gründungs- und För-

Marshall Saville (links), David Brainard (rechts)

dermitglieder teilnahmen. Die Gründungsurkunde des *Explorers Club* führte als »Existenzberechtigung« die Förderung der allgemeinen Exploration und Verbreitung der dabei gewonnenen wissenschaftlichen Erkenntnisse auf. Weitere vorrangige Ziele waren laut Urkunde der »Erwerb und die Pflege einer Bibliothek der Explorationen und Forschungsreisen« und »die Ermutigung der Forscher in ihrer Arbeit durch gemeinsame Interessen, wechselseitige Unterstützung und vor allem durch die Entwicklung guter kollegialer Beziehungen«. In der Satzung, die an jenem Tag verabschiedet wurde, kam die ausschließlich männliche Orientierung, die Frauen bewusst ausklammerte, in der Beschreibung potenzieller Clubkandidaten deutlich zur Geltung: »Personen, die als aktive Mitglieder infrage kommen, sind Männer, die auf dem Gebiet der Forschung und Entdeckung tätig waren oder zu den geologischen Kenntnissen über die Erde beigetragen haben; Reisende, die sich durch ihre einzigartige Leistung ausgezeichnet und das weltweite Wissen über die von ihnen besuchten Länder gemehrt haben, beispielsweise durch die Veröffentlichung bedeutungsvoller Bücher oder Artikel.«

Gesellige Zusammenkünfte im *Explorers Club* in den 1930er-Jahren.

Die erste Sitzung endete mit einem »zwanglosen Beisammensein« der Männerrunde, das dazu diente, den Club offiziell in der West 67th Street zu etablieren. Doch wie den Mitgliedern selbst, war es dem Club letztlich vom Schicksal bestimmt, auf Wanderschaft zu gehen und mehrmals seinen Standort zu wechseln, bis er 1912 in Form eines großen Lofts an der Amsterdam Avenue eingerichtet wurde. Endlich verfügte der Club über genügend Freiraum, um mit der Sammlung seiner Schätze zu beginnen: Artefakte, Bücher, Dokumente und andere Kostbarkeiten, die seine unerschrockenen Mitglieder im Zuge ihrer einzigartigen Expeditionen zusammengetragen hatten. In jenem Jahr schnellte die Anzahl der Mitglieder merklich in die Höhe, weil der *Explorers Club* den *Arctic Club of*

America bei sich eingliederte, der ebenfalls von Henry Collins Walsh gegründet worden war. Er war nach der unbeschadeten Rückkehr von 54 Wissenschaftlern, Professoren, Studenten und anderen Teilnehmern der misslungenen Arktisexpedition von Dr. Frederick Cook an Bord des Dampfschiffes *Miranda* entstanden. Sie bildeten die Mitgliederbasis der Organisation. Die Expedition, die leicht einen weniger glimpflichen Ausgang hätte nehmen können, sollte Westgrönland erforschen und fand ein abruptes Ende, als die *Miranda* am Eingang der Belle-Isle-Straße vor der Küste Neufundlands mit einem Eisberg zusammenprallte und der havarierte Dampfer gezwungen war, den nächsten Hafen anzulaufen.

Doch auch die Räumlichkeiten in der Amsterdam Avenue boten dem Club bald nicht mehr genügend Platz, da Forschung und Entdeckungen ein beinahe überwältigendes Interesse zu wecken schienen und die Mitgliederzahlen rasant anstiegen. So sollte der Club noch einige Male umziehen, bevor er sein derzeitiges Hauptquartier im Lowell-Thomas-Gebäude bezog.

Pionierinnen: Frauen entdecken die Welt

THE EASTERN HEMISPHERE.

London, Published by J. Cary Engraver & Map-seller No. 181 Strand

Als die Exploration noch ganz am Anfang stand, war buchstäblich unbekannt, was sich jenseits der eigenen Landesgrenzen verbarg, und der Wunsch, die geografischen Konturen der Landkarte zu ergänzen und als Erste herauszufinden, was sich hinter den bekannten Gefilden befand, erwies sich für viele Forscher und Entdecker der Pionierzeit, ungeachtet ihrer Geschlechtszugehörigkeit, als treibende Kraft.
Obwohl den Frauen bis ins 20. Jahrhundert die gebührende Anerkennung für ihre Pionierleistungen und Entdeckungen versagt blieb, bieten die Informationen, die sich aus der Korrespondenz und den Tagebüchern der Forscherinnen sowie einigen Anmerkungen in den Geschichtsbüchern zusammentragen lassen, ausreichende Erkenntnisse über ihre beeindruckenden Beiträge zur Erforschung der Welt.

Prinzessin Alfhild

Eine der ersten Abenteurerinnen aus der Wikingerzeit war Prinzessin Alfhild, die im neunten Jahrhundert lebte und sich zum Meer hingezogen fühlte. Da der Aktionsradius von Frauen damals extrem eingeschränkt war, bot die Seefahrt ihnen Freiheiten, die sich in ihrem herkömmlichen

Alltag nicht verwirklichen ließen. Berichten zufolge war Alfhild die Tochter eines unbedeutenden Dänenkönigs namens Siward. Wenn auch nur wenig über sie bekannt ist, lassen sich doch einige Informationen aus den Werken des mittelalterlichen dänischen Geschichtsschreibers Saxo Grammaticus gewinnen, der zu Beginn des 13. Jahrhunderts die »Gesta Danorum« (Die Taten der Dänen), eine 16-bändige Geschichte Dänemarks in lateinischer Sprache, verfasste. Alfhild wird 300 Jahre später ein weiteres Mal von Olaus Magnus, dem Erzbischof von Uppsala, in der »Historia de gentibus septentrionalibus« erwähnt. Der schwedische Geistliche, Kartograf und Geograf, der als gläubiger Katholik infolge der Reformation freiwillig ins Exil ging, verfasste dieses ebenfalls in lateinischer Sprache geschriebene und 1555 in Rom veröffentlichte Werk als Kommentarband zu der von ihm gefertigten Landkarte (*Carta marina*). Damit lieferte er Europa während der Zeit der Renaissance zum ersten Mal unschätzbar wertvolle Erkenntnisse über die Länder, die sich im Norden des Kontinents befanden. Alfhilds Leben wird in einer Saga beschrieben, in der Fakten und Fiktion miteinander verwoben sind und Abenteuer von beinahe mythischen Ausmaßen geschildert werden.

Wikingerschiff

Obwohl viele weibliche Forschungsreisende in späteren Zeiten ungemein einfallsreich waren, was die Finanzierung ihrer Expeditionen betraf, scheint Alfhild eine ganz besondere Möglichkeit der Mittelbeschaffung entdeckt zu haben, die überwiegend auf Piraterie und Plünderei basierte. Ihre Raubzüge fanden offensichtlich nicht statt, um Land zu erobern, wie in jener Epoche üblich, sondern ausschließlich, um ihrem Hang nach Abenteuern zu folgen. Die Schriften von Saxo Grammaticus und Olaus Magnus stellen nicht nur eine aufschlussreiche Informationsquelle bezüglich Alfhild dar, sondern auch hinsichtlich des Verhaltens, das man damals von Frauen erwartete. Die beiden Geschichtsschreiber machten Alfhild weniger das kriegerische Gebaren während ihrer Beutezüge zum Vorwurf, bei denen sie in Männerkleidung schlüpfte und Waffen trug, sondern prangerten in erster Linie den Verlust der Weiblichkeit an, der in ihren Augen mit solchen Aktivitäten einherging.

Durch ihren Status als Prinzessin waren Alfhilds Kindheit und Jugend wahrscheinlich besonders stark eingeschränkt; dieser Mangel an Autonomie könnte dazu beigetragen haben, dass sie sich nach einem abenteuerlichen Leben mit Reisen in ferne Länder und grenzenloser Freiheit sehnte. Ihr Vater, König Siward, hatte dafür gesorgt, dass sie streng behütet aufwuchs, um die Chancen auf eine politisch günstige Heirat nicht zu gefährden. Angeblich gehörte zu den Maßnahmen, die ihre Keuschheit verbürgen sollten, auch die strategische Positionierung einer Viper im Schlafgemach des jungen Mädchens, um Möchtegern-Verehrer abzuschrecken. Dennoch scheint es einem der hartnäckigeren Galane namens Alf gelungen zu sein, nicht nur die Giftschlange, sondern auch zahlreiche weitere Hindernisse zu überwinden. Als Sohn eines Königs, der Mitte des neunten Jahrhunderts über das wichtigste dänische Kleinkönigreich herrschte – zumindest aus der Sicht von Alfhilds Vater –, schien Fortuna ihm in jeder Hinsicht gewogen zu sein.

Doch Alfs Sieg über die von König Siward errichteten Hürden machte offenbar wenig Eindruck auf Alfhild, denn sie beschloss just zu diesem Zeitpunkt, abenteuerlichere Wege einzuschlagen. Ohne zu zögern, packte sie ihre Siebensachen und flüchtete aufs Meer hinaus. Es fiel ihr offenbar nicht schwer, ihr Langboot mit einer gleichgesinnten, rein weiblichen Rudermannschaft zu füllen, was ebenfalls einiges über das Los der Frauen in der damaligen Zeit aussagt. Und so stach das Schiff in See, navigierte durch die nahezu unbekannten äußeren Gewässer Skandinaviens, einzig von den Sternen, den Meeresströmungen und den Migrationsmustern der Vögel geleitet. Ihr Überleben sicherte die Mannschaft durch ihre Beutezüge.

Trotz der unorthodoxen Reaktion auf seine Bemühungen, ihr den Hof zu machen, ließ die Begeisterung des verschmähten Freiers für die Wikingerprinzessin nicht nach und Alfhild blieb, obwohl das Meer ihr viele der erhofften Abenteuer bescherte, die lang ersehnte Freiheit versagt. Der verliebte, tatkräftige Königssohn legte nach ihrer Flucht die gleiche Zielstrebigkeit an den Tag, die ihm ermöglicht hatte, Hindernisse wie die Viper im Schlafgemach seiner Angebeteten zu überwinden. Er rüstete mithilfe seines königlichen Erzeugers ein Boot aus und fuhr selbst aufs Meer hinaus, auf der Jagd nach der entflohenen Prinzessin und ihrer Frauen-

Die »Carta Marina« von Olaus Magnus, 1539, die den Norden Europas zeigt.

mannschaft. Schließlich gelang es ihm, Alfhild in einem engen Fjord vor der Küste Finnlands zu stellen, wo ein erbitterter Kampf entbrannte. Da Alf als Sieger daraus hervorging, betrachtete er Alfhild als Kriegsbeute und schleppte sie vor den Traualtar. Das Paar bekam eine Tochter, Gurith genannt. Wie es scheint, waren Alfhilds Abenteuer auf See damit zu Ende.

Gudridur Thorbjarnardottir

Statue von Gudridur Thorbjarnardottir in Laugarbrekka, Island.

Eine weitere Wikingerin, über deren Reisen Aufzeichnungen existieren, war Gudridur Thorbjarnardottir, die Ende des zehnten Jahrhunderts in Laugarbrekka, Island, geboren wurde. Damals sah sich die Welt einer langen Periode der Turbulenzen und Unruhen ausgesetzt, gekennzeichnet von zahlreichen Scharmützeln und Veränderungen auf der wirtschaftlichen und politischen Ebene, da die ersten Handelsbeziehungen Formen annahmen und die bedeutenden Reiche der damaligen Epoche Kriegs- und Beutezüge opportunistischer Eindringlinge abwehren mussten. Die Wikinger und Kelten, die als Erste die vulkanische Insel Island besiedelten, waren aus hartem Holz geschnitzt und hatten schon vor mehr als 1000 Jahren die rauen Gewässer des Nordatlantik durchquert. Das Erbe dieser robusten, kraftstrotzenden Vorfahren mag zu Gudridur Thorbjarnardottirs Rastlosigkeit und Unerschrockenheit beigetragen haben. Genau wie ihre Vorfahren fuhr sie mit anderen Mitgliedern ihres Clans über das Meer, um einen Teil der nordamerikanischen Küste zu erkunden und dort eine Kolonie zu gründen.

Obwohl ein großer Teil des Lebens der »Globetrotterin« Gudridur Thorbjarnardottir im Dunkel der Geschichte verborgen bleibt, nimmt man an, dass sie noch sehr jung war, als sie mit ihrem Vater ihre erste Seereise nach Grönland antrat, nachdem er ihr die Einwilligung zur Heirat mit dem

Sohn eines Sklaven, den sie liebte, verweigert hatte. Sie schlossen sich einem Konvoi an, der Erik den Roten begleitete, der einige Jahre zuvor eine Kolonie in Grönland errichtet und Siedler angeworben hatte. Die Überfahrt muss grauenvoll und beschwerlich gewesen sein, die Passagiere waren schutzlos den Launen des Wetters ausgesetzt und viele erkrankten. Doch Gudridur schien den Kummer über die verbotene Liebe bald überwunden zu haben, denn sie gab Thorsteinn, einem der Söhne von Erik dem Roten, das Jawort. Er starb jedoch kurz nach der Ankunft in Grönland und Gudridur heiratete dort schließlich den wohlhabenden Kaufmann Thorfinnur Karlsefni, der königlichen Geblüts war. Mit ihrem frischgebackenen Ehemann reiste sie nach Vinland, einer Region, die sich höchstwahrscheinlich am nördlichsten Zipfel der heute kanadischen Provinz Neufundland und Labrador befand, wo ihr Sohn Snorri geboren wurde. Dem Vernehmen nach war sie die erste Frau, die in der Neuen Welt ein Kind europäischer Abstammung zur Welt brachte. Das war vermutlich im Jahre 1004, annähernd 500 Jahre, bevor Christoph Kolumbus Segel setzte und zu seiner geschichtsträchtigen Seereise aufbrach.
Obwohl geplant war, sich für immer in der neuen Heimat niederzulassen, bewogen die bewaffneten Auseinandersetzungen mit der einheimischen Bevölkerung die Auswanderer zur Rückkehr nach Grönland.
Nicht viel später segnete auch Gudridurs zweiter Ehemann das Zeitliche und Snorri übernahm das bäuerliche Anwesen der Familie und heiratete. In der Zwischenzeit begannen die heidnischen Rituale der Wikinger an Bedeutung zu verlieren. Dies bewog Gudridur dazu, zum Christentum zu konvertieren. Man vermutet, dass um die Jahrhundertwende zahlreiche Vorhersagen und Prophezeiungen kursierten, die von einer bevorstehenden Apokalypse und anderen Katastrophen kündeten. Infolgedessen wuchs das religiöse Bewusstsein, das eine friedlichere, besinnlichere Periode für die Menschen einläutete, vor allem in Europa, wo Raubzüge und Territorialkämpfe besonders ausgeprägt waren. Die Aktivität der Missio-

nare hatte in verschiedenen Regionen des europäischen Kontinents beträchtlich zugenommen und in Frankreich fanden zahlreiche Friedensmessen und religiöse Prozessionen statt, die immer mehr Zulauf gewannen.

Da Snorri einen eigenen Hausstand gegründet hatte, begab sich Gudridur zu Fuß auf eine Pilgerreise nach Rom, quer durch Europa, um dem Vatikan einen persönlichen Bericht über ihre Seefahrten zu überbringen. Für die damalige Zeit war eine solche Wanderung einmalig, nicht nur wegen der Entfernung und Schwierigkeiten, sondern weil Frauen selten ohne männliche Begleitung auf die Reise gingen. Im Anschluss an ihre Exkursion kehrte sie nach Grönland zurück und wurde Nonne.

Gudridur Thorbjarnardottir war mit Sicherheit eine der am weitesten gereisten Frauen ihrer Epoche: Allem Anschein nach hat sie Europa zwei Mal zu Fuß durchquert und an acht Seefahrten teilgenommen. Ein großer Teil der isländischen Geschichte aus dieser Periode ist durch mündliche Überlieferung und eine Reihe in Prosa verfasster Chroniken bekannt, in denen wichtige Ereignisse vermerkt wurden. In den Chroniken, der sogenannten »Saga von den Grönländern«, wird auch Gudridur erwähnt und in der »Saga von Erik dem Roten« finden sich weitere Belege für ihren bemerkenswerten Lebensweg.

Grace O'Malley

Alfhilds nonkonformistische Methode, Expeditionen zu finanzieren, wurde von einer anderen Frau mit nautischen Neigungen erfolgreich weiterentwickelt, der in Irland geborenen Grace O'Malley (Gráinne Ní Mháille, 1530–1603), auch »Queen of Connaught« (Königin von Connaught) genannt. Ihre Kommandozentrale befand sich auf Clare Island,

Clare Island in der Clew Bay, Irland.

einer Insel im Westen Irlands, knapp außerhalb der von gefährlichen Klippen durchzogenen Gewässer der Clew Bay. Sie verfügte über ein ungewöhnliches Sammelsurium an Fähigkeiten, nicht nur für eine Frau, sondern generell für die damalige Zeit. Die Geschäfte ihrer Familie, zu denen auch der Seehandel gehörte, veranlassten sie, die Rolle des Seekapitäns und der Clanchefin zu übernehmen. Abgesehen von diesen beiden für eine Frau unziemlichen Aktivitäten warf man ihr vor, ihre Abenteuer auf hoher See in eine ruchlose Richtung auszuweiten: Sie war eine berüchtigte Piratin. Ihre Streifzüge durch die Gewässer des Nordens hatten zur Folge, dass sie detaillierte und fundierte Kenntnisse über diese Regionen erwarb, die extreme Anforderungen an die Navigation stellten, nautische Fähigkeiten, die sie zu ihrem Vorteil zu nutzen wusste. Ihre Forschungs- und Kaperfahrten fesselten die Fantasie der Menschen und sie lebt als sagenumwobene Gestalt in den Annalen der irischen Geschichte und mündlichen Überlieferungen fort. Die irische Ballade »Oró Sé do Bheata 'Bhaile« wurde ihr gewidmet.

Als Spross einer adeligen irischen Familie geboren, zu einer Zeit, als Heinrich VIII. England regierte, war Grace O'Malley für die Seefahrt prädestiniert; sie lernte das Handwerk bereits in jungen Jahren von ihrem Vater Owen Dubhdara O'Malley, der im Schiffsbau und im Import- und Exporthandel tätig war. Wie es heißt, bekniete sie ihren Vater schon als junges Mädchen, sie auf eine Seereise nach Spanien mitzunehmen. Da er sich jedoch standhaft weigerte, unter dem Vorwand, ihre langen Locken könnten sich in den Schiffstauen verfangen, trennte sich Grace kurzerhand von ihrer Haarpracht und beseitigte somit das Hindernis. Ihr Vater, der ein schlechtes Gewissen hatte, gab nach und nahm sie mit auf die Reise, doch der Spitzname »Gráinne Mhaol«, Kahlkopf, sollte ihr ein Leben lang anhaften.

Dieser Vorgeschmack auf ein abenteuerreiches Leben faszinierte Grace O'Malley, sodass sie den damaligen Sitten und Gebräuchen zum Trotz, die Frauen von solchen Aktivitäten ausschlossen, die maritimen Traditionen ihrer Familie fortzuführen beschloss und das Meer ihr zweites Zuhause wurde. Sie gründete den ersten Handelsposten am westlichsten Zipfel der Provinz Connacht (Connaught), wo sie auf der Burg Bunowen Castle, heute eine Ruine, mit ihrem ersten Ehemann lebte, einem Mitglied des O'Flaherty-Clans. Nach dem Tod ihres Mannes im Jahr 1560 verließ Grace O'Malley die Region und baute eine neue Operationsbasis auf Clare Island auf, das zu den Ländereien ihres Vaters gehörte. Offenbar hatte sie die Achtung der Familie O'Flaherty gewonnen, denn viele Clanmitglieder folgten ihr dorthin.

Im Lauf der Zeit schlug Grace O'Malley mit ihren exploratorischen Seereisen einen lukrativeren Weg ein, der Beschwerden auslöste und die Staatsmacht auf den Plan rief. Abgesehen von den Mitgliedern des O'Flaherty-Clans gehörten auch eine Reihe von Söldnern aus Irland und

Schottland zu ihrem Gefolge; mit einer solchen Verstärkung ihrer Streitmacht folgte sie dem Beispiel der Regierung, die im nahe gelegenen Galway Steuern auf den Seehandel erhob, und verlangte ebenfalls einen Tribut von den Schiffen, die in den Gewässern rund um ihre Ländereien Handel trieben. Ihre Flotte stoppte und enterte die Handelsschiffe und verlangte Geld oder einen Prozentsatz der Fracht als Gegenleistung für eine ungehinderte Passage. Jede Form des Widerstands gegen diese ungesetzlichen Zölle wurde gnadenlos im Keim erstickt, wobei man auch vor Mord nicht zurückschreckte. Solche Aktivitäten trugen O'Malley den Ruf einer gefürchteten Piratin ein.

Während Grace O'Malley ihrer Lust am Abenteuer frönte und die Küsten Irlands unsicher machte, schien ihr Hang zur Plünderei zu wachsen. Ihre Eltern hatten ihr ein kleines Vermögen hinterlassen. Sie hatte nicht nur die Schiffsflotte der Familie und weitläufige Liegenschaften geerbt, sondern auch Viehherden und Pferde. Folglich schien es ihr weniger um die Ausbeute ihrer Raubzüge zu gehen, sondern vielmehr um den damit verbundenen Nervenkitzel, als sie begann, Schiffe und Festungen in größerer Entfernung anzugreifen, weit außerhalb ihres heimischen Territoriums.

Eine Geschichte, die Teil der Legende wurde, rankt sich um eine Burg, die ihr Mann Dónall an-Chogaidh O'Flaherty dem Joyce-Clan gewaltsam entrissen hatte. Aufgrund dieses anmaßenden Verhaltens wurde das Bauwerk »Cock's Castle« (Hahnenburg) genannt. Nach O'Flahertys Tod versuchte der Joyce-Clan, die Festung zurückzuerobern, doch O'Malley verteidigte sie vehement und brachte dem Gegner eine so verheerende Niederlage bei, dass man die Burg später in »Hen's Castle« (Hennenburg) umbenannte. Als das Tudor-Regime mit der blutigen Rückeroberung Irlands begann, versuchten die Engländer, die Festung einzunehmen, doch es erging ihnen ähnlich wie dem Joyce-Clan, obwohl sie O'Malley und ihrem Gefolge zahlenmäßig weit überlegen waren. Es heißt, dass Grace wäh-

rend des Angriffs Blei vom Burgdach schmolz und von den Zinnen auf die Köpfe der heranstürmenden englischen Soldaten goss.
Obwohl die Engländer ihre Lektion bezüglich der Burg gelernt hatten und bei nachfolgenden Angriffen einen großen Bogen um die Festung machten, gelang es ihnen mit anderen Mitteln, Grace O'Malleys Aktivitäten einen Riegel vorzuschieben. Als sich das 16. Jahrhundert dem Ende zuneigte, hatten sie ihre Machtbasis in Irland erheblich ausgedehnt und ihre Widersacherin eingekesselt. Um ihr Missfallen an den Raubzügen zu bekunden, wurden O'Malleys Söhne und ihr Halbbruder 1593 vom englischen Statthalter in Connaught, Sir Richard Bingham, eingekerkert. O'Malley fuhr per Schiff nach England, um die Freilassung ihrer Angehörigen zu erwirken, und erhielt eine Audienz bei Königin Elizabeth I. Diese war von der verwegenen Abenteurerin offenbar so beeindruckt, dass sie dem Gesuch stattgab, im Austausch für das Versprechen, künftig auf jede Form der Freibeuterei und Rebellion zu verzichten.

Grace O'Malley trifft Königin Elizabeth I.

Jeanne Baret

Als der französische Admiral und Entdecker Louis-Antoine de Bougainville 1766 vom König von Frankreich grünes Licht erhielt, eine Weltumsegelung anzutreten – vordergründig, um botanisch interessante Pflanzenexemplare zu sammeln, doch letztendlich, um Frankreichs Ruhm und Prestige als Seefahrernation zu untermauern –, konnte er drei hochkarätige Wissenschaftler der damaligen Zeit für sein Vorhaben gewinnen. Es handelte sich um den Kartografen Charles Routier de Romainville, den Astronomen Pierre-Antoine Véron und den Königlichen Botaniker und

Naturforscher Philibert Commerçon. Die renommierten Expeditionsteilnehmer an Bord der *La Boudeuse*, die später mit der *L'Étoile* zusammentraf, stachen am 15. November 1766 in der französischen Stadt Brest in See; sie waren die ersten Franzosen und erst die 14. Navigatoren der westlichen Hemisphäre, die eine Weltumsegelung in Angriff nahmen. Der Erfolg dieses kühnen Unternehmens trug merklich dazu bei, Frankreichs Ansehen auf internationaler Ebene wiederherzustellen, das nach der Niederlage im Siebenjährigen Krieg erheblich gelitten hatte. Im Verlauf der folgenden drei Jahre bereisten die Expeditionsteilnehmer viele Länder und sammelten Tausende von Exemplaren ungewöhnlicher Pflanzenarten; sie legten damit den Grundstein für eine der bedeutendsten und kostbarsten botanischen Sammlungen der damaligen Zeit. Es war jedoch die zarte, hellhäutige Jeanne Baret (1740–1803), die Commerçon als »Kammerdiener« begleitete und die vielleicht genauso ungewöhnlich war wie die Pflanzen, die gesammelt wurden.

Jeanne Baret

Als sich Jeanne Baret der Expedition anschloss, verboten die Bestimmungen der Seefahrt die Aufnahme von Frauen als Mannschaftsmitglieder. Man fand wohl, dass die monate- und teilweise jahrelange Unterbringung in den engen Quartieren der Besatzung und das ständig drohende Unheil für die empfindsame weibliche Konstitution eine zu große Belastung seien oder zwangsläufig zu Verstößen gegen Sitte und Moral führen müssten. Baret, deren intellektuelle Neugierde angesichts einer solchen Seereise angestachelt wurde, ließ sich nicht so leicht von ihrem Entschluss abbringen, an diesem Abenteuer teilzuhaben, und gelangte als blinder Passagier in Männerkleidung an Bord. Allem Anschein nach spielte sie ihre Rolle als Jean Baré so überzeugend, dass kein Mitglied der Mannschaft Verdacht schöpfte. Trotz ihrer zarten Erscheinung lernten ihre Mitreisenden bald ihren Mut und ihre innere Stärke zu schätzen. Wie verlautet, kämpfte sie sich klaglos durch unwegsames Gelände, um oft unter schwierigsten Bedingungen Exemplare der gewünschten Pflanzenspezies zu beschaffen. Die Tarnung flog auf, als die Schiffe an der Küste von Tahiti anlegten. Die Bewohner der Südseeinsel, nicht vertraut mit der westlichen Kleiderordnung, durchschauten die Fassade und erkannten auf Anhieb, dass sich dahinter eine Frau verbarg. Auf diese Weise entlarvt, sah sich Baret gezwungen, das Täuschungsmanöver einzugestehen, und obwohl der Verstoß gegen die ungeschriebenen Gesetze der Seefahrt unverzeihlich war, erwähnte Bougainville lobend ihren Beitrag und ihr beispielhaftes Verhalten an Bord. Sie kehrte nach Frankreich zurück als die erste Frau, die nachgewiesenermaßen um die Welt gesegelt war.

Sacajawea

Zu den Forscherinnen und Entdeckerinnen der Pionierzeit, die durch eine Reihe fantasievoll ausgeschmückter Lebensbeschreibungen in Romanen und Filmen des 20. Jahrhunderts zu Ruhm gelangten, gehört auch Sacajawea (ca. 1790–1812), eine Indianerin vom Stamme der Shoshone. Sie spielte eine führende Rolle während der ersten Überlandexpedition von Captain Meriwether Lewis und Captain William Clark, auch »Corps of Discovery« genannt, die sich auf die Suche nach dem Pazifischen Ozean begab. Die Expedition begann am Wood River in Illinois und legte schlussendlich 3700 Meilen zurück, vornehmlich auf Flüssen und durch Regionen, die heute zu den zehn Pazifikstaaten zählen. Sacajawea wurde nicht als eigenständiges Mitglied der Gruppe, sondern als Ehefrau eines französisch-kanadischen Trappers namens Toussaint Charbonneau aufgenommen, der im Pelztierhandel tätig und als Dolmetscher engagiert worden war. Man hatte ihr nur deshalb gestattet, ihn zu begleiten, weil man glaubte, sie könne für die Kommunikation mit den Indianerstämmen nützlich sein, denen man unterwegs begegnete; sie stellten die primäre Bezugsquelle für die Packpferde dar, die für den Erfolg der Expedition unerlässlich waren.

Amerikanische Ein-Dollar-Münze mit dem Abbild Sacajaweas.

Wie aus Sacajawea und Charbonneau ein Paar wurde, war ein Abenteuer für sich. Berichten zufolge wurde Sacajawea als Kind von Hidatsa-Indianern als Beute mitgenommen, als diese einen Raubzug gegen die Shoshone unternahmen. Sie wurde von ihrer Heimat im heutigen Idaho in das Stammesgebiet der Hidatsa nach North Dakota verschleppt. Später begegnete Charbonneau dem jungen Mädchen, das von den Hidatsa »Tsikikawias« oder »Vogelfrau« genannt wurde, und kaufte es zusammen mit einer zweiten Indianerin namens »Otterfrau«.

Als Lewis und Clark ihren Ehemann für die Expedition anheuerten, war Sacajawea ungefähr 16 Jahre alt und schwanger. Sie brachte im Februar 1805 einen Sohn zur Welt, Jean Baptiste Charbonneau, der »Pomp« genannt wurde, »der Erstgeborene« in der Sprache der Shoshone. Knapp zwei Monate später begab sie sich mit den restlichen Expeditionsteilnehmern auf die Reise, das Baby auf den Rücken gebunden. Sie bewies gleich zu Anfang ihren Nutzen für die Expedition, als das Boot, mit dem sie auf dem Missouri River nach Westen fuhren, überraschend in einen Sturm geriet und kenterte. Während die anderen Teilnehmer fieberhaft damit beschäftigt waren, das Boot wieder aufzurichten, stürzte sich Sacajawea mit dem drei Monate alten Pomp auf dem Rücken in die Fluten, um die kostbaren Ausrüstungsgegenstände, kartografische Aufzeichnungen und andere Dokumente, zu bergen, die von der Strömung mitgerissen worden waren. Sie repräsentierten die mühsam errungenen Ergebnisse der Expedition und die wichtigsten Komponenten für die Fortsetzung des Unternehmens.

Ein anderes Mal führte Sacajawea die Expedition sicher durch Gebiete mit dichter Vegetation, obwohl die Navigation auf dem gewundenen Fluss besonders gefährlich war. Der Wasserlauf war ein Nebenarm des Beaverhead River, der zu der Bergregion führte, in der Sacajawea geboren war und bis zur Verschleppung ihre Kindheit verbrachte hatte. Die Expedition hatte die tückische Route in Kauf genommen, da sie Kontakt mit den Shoshone aufnehmen wollte, die auch nach dem Überfall in ihrem angestammten Territorium lebten; man hoffte, Sacajaweas Anwesenheit werde eine Hilfe bei den Kaufverhandlungen von Lewis und Clark sein, die dringend Packpferde benötigten, um ihre Reise nach Westen fortzusetzen.

»Lewis und Clark auf dem unteren Columbia River« von Charles Marion Russell, 1905.

Im August 1805 erreichte die Expedition das Stammesgebiet der Shoshone und Sacajawea war wieder mit ihrem Stamm vereint; das Wiedersehen war indes nicht so freudig, wie sie es sich gewünscht haben mochte. Offenbar waren alle Angehörigen bis auf zwei Brüder und den Sohn einer Schwester verstorben. Die Expedition konnte von Glück sagen, dass Cameahwait, einer der beiden Brüder, der in der Zwischenzeit zum Häuptling der Shoshone ernannt worden war, ihnen die Packpferde überließ. Außerdem stattete er die Gruppe mit einer Zeichnung der Landstriche aus, die im Westen lagen, und gab ihnen einen Fährtensucher mit, der sie unbeschadet durch das heimtückische Gebirge führte. Dieses Hindernis galt es zu überwinden, um die nächste Etappe der Reise zu erreichen, eine Region in Idaho, die vom Indianerstamm der Nez Percé bewohnt war. Dort konnten sie ihre Reise auf dem Fluss wieder aufnehmen.

Es ist ungewiss, was aus Sacajawea nach Beendigung der Expedition im Sommer 1806 wurde. Berichten zufolge kehrte sie mit ihrem Mann nach

North Dakota zurück. Doch bald darauf scheinen die beiden auf Einladung von Captain Clark nach St. Louis gereist zu sein, wo sie bis 1811 blieben. Fest steht, dass Sacajaweas Mann in diesem Jahr sein Land an Clark verkaufte und das Paar wieder nach Dakota zurückkehrte. Für den nachfolgenden Verbleib oder die Aktivitäten Sacajaweas gibt es keine stichhaltigen Belege. Einem Bericht zufolge, der sich auf Dokumente bezieht, die in South Dakota gefunden wurden, starb sie 1812, in jungen Jahren, am »Faulfieber«. In einer anderen romantisch verklärten Version der Geschichte, die bei den Shoshone mündlich von einer Generation zur nächsten überliefert wurde, heißt es, sie sei in westliche Regionen gereist, bevor sie schließlich zu ihren Wurzeln in das Wind-River-Reservat der Shoshone zurückkehrte, wo sie 1884 als hochbetagtes und angesehenes Stammesmitglied das Zeitliche segnete. In einem Nachruf wurde sie als die Frau erwähnt, die das »große Wasser« gesehen hatte.

Lady Hester Lucy Stanhope

Lady Hester Lucy Stanhope (1776–1839), das älteste Kind von Charles Stanhope, dem dritten Earl Stanhope, und seiner Ehefrau Lady Hester Pitt, verließ England 1810 im Alter von 33 Jahren, auf Nimmerwiedersehen, um ausgedehnte Reisen durch den Mittleren Osten zu unternehmen. Ihre Abenteuer stellten ein äußerst unorthodoxes Unternehmen dar, vor allem in einer Epoche, in der Forschungsreisen von Frauen selbst in Gesellschaft des Ehemannes als hochgradig anrüchig galten. Doch Lady Hester Stanhopes Leben war nie in konventionellen Bahnen verlaufen. Sie wuchs als heiß geliebte Tochter des begüterten Lord Charles Stanhope auf dem Familiensitz Chevening auf. Ihre Zukunft schien vielversprechend, doch als sie vier Jahre alt war, starb ihre Mutter und wurde durch eine Stiefmutter ersetzt, die ihr wenig Interesse entgegenbrachte und sie der Obhut gleichgültiger Gouvernanten überließ. Als sie zehn Jahre alt wurde, war es ihrem Vater gelungen, sein beträchtliches Vermögen durchzubringen: Er unterstützte damit 1780 den Aufstand der Revolutionäre gegen die französische Monarchie und verteidigte die Französische Revolution sogar im Oberhaus, ein völlig abwegiges Verhalten für einen Mann, der selbst zur Aristokratie gehörte. Doch schon lange vor dieser Zeit war Lord Charles Stanhope seinem Ruf als Sonderling gerecht geworden: Er legte Wert darauf, als »Bürger« statt als Earl Stanhope tituliert zu werden, taufte den Landsitz Chevening in »Democracy Hall« um und ordnete an, das Wappen seiner Familie von Tafelgeschirr und Kutschen zu entfernen, da er diesen Brauch in Adelskreisen als Unfug abtat. Zu den zahlreichen »exzentrischen« Eigenschaften, die man ihm nachsagte, gehörte auch das Schlafen bei offenem Fenster und die Weigerung, seine Kinder zur Schule zu schicken, seine Söhne eingeschlossen. Als eifriger Erfinder, der die erste Rechenmaschine und ein Dampfschiff entworfen haben soll, das jedoch nie gebaut wurde, beschäftigte er sich oft mit manuellen Tätigkeiten, die man damals für ein Mitglied der Aristokratie als unziemlich erachtete.

Als das Vermögen der Familie verschwendet war, kam Lady Hester Stanhope in die Obhut ihrer Großmutter, der Gräfin von Chatham. Sie lebte in Burton Pynsent, einem kleinen Weiler in der englischen Grafschaft Somerset, auf einem Landsitz, der für ein Familienmitglied errichtet worden war. Hier erhielt Lady Hester Stanhope erstmals die Gelegenheit, ins Ausland zu reisen. Dies scheint ihre angeborene Reiselust nur noch mehr entfacht zu haben, die bereits in frühester Kindheit sichtbar wurde, als sie versuchte, mit ihrem Ruderboot nach Frankreich zu gelangen, in eine Welt, die weit von der Beengtheit des Landgutes entfernt war.

1803 starb ihr Vater und so war sie mit 27 Jahren Vollwaise und völlig mittellos. Zum Glück war sie im imposanten Walmer Castle willkommen, einer Artilleriefestung, die Heinrich VIII. von 1539–1540 zum Schutz gegen eine mögliche Invasion aus Frankreich und Spanien erbauen ließ. Sie wurde von ihrem Onkel William Pitt dem Jüngeren bewohnt, der ein Jahr später zum Premierminister gewählt und mit 24 Jahren der jüngste Regierungschef in der britischen Geschichte wurde. Dieses Arrangement entwickelte sich besser als erwartet, denn Lady Hester Stanhope brauchte eine Bleibe und der frischgebackene Premierminister und eingefleischte Junggeselle ein weibliches Wesen, das seinem Haushalt vorstand. Als offizielle Gastgeberin ihres Onkels kam Lady Hester Stanhope ihren neuen Pflichten mit Charme und Anmut nach. Die gesellschaftliche Position schien ihr wie auf den Leib geschrieben, denn hier konnte sie ihren messerscharfen Verstand, ihre geistreichen Beiträge zur Unterhaltung und ihre geschmeidige Eleganz zur Schau stellen, Eigenschaften, die damals von den oberen Zehntausend der englischen Gesellschaft geschätzt wurden. Infolgedessen sah sie sich bald von einer ganzen Reihe standesgemäßer Verehrer umringt. Doch trotz ihrer augenscheinlichen Anziehungskraft hatte sie kein Glück in der Liebe und musste mehrere Enttäuschungen verkraften. Zu den romantischen Beziehungen, die unglücklich endeten, gehörte auch eine Liaison mit dem attraktiven und weltgewandten Politiker Lord Granville Leveson-Gower, der sie letztendlich jedoch zugunsten einer anderen Frau verließ. Sie hatte sich noch nicht ganz von dessen ungebührlichem Abgang erholt, als ihr Onkel 1806 starb – und sie eine großzügige jährliche Zuwendung in Höhe von 1200 Pfund vom Englischen Parlament erhielt, das Pitts letztem Wunsch auf dem Totenbett entsprach, man möge seine Tätigkeit im Dienst der Regierung auch weiterhin in Form einer Pension für seine mittellose Nichte vergelten.

Auf sich selbst gestellt und mit dieser beträchtlichen Einkommensquelle ausgestattet, verschwendete Lady Hester Stanhope keine Zeit und verlobte

Lady Hester Lucy Stanhope

sich mit William Noel-Hill, dem zweitgeborenen Sohn von Noel Hill, dem ersten Baron Berwick. Die Verlobung ging bald in die Brüche und kurz darauf suchte sie Trost in der Gesellschaft von Sir John Moore, einem britischen General, der während der Napoleonischen Kriege die britischen Streitkräfte in Spanien befehligt hatte. Wieder einmal war Lady Hester Stanhope wenig Glück beschieden, obwohl sie dieses Mal jemanden gefunden hatte, der ihr aufrichtig zugetan war. Moore wurde in der Schlacht von Corunna auf der Iberischen Halbinsel von einer Kanonenkugel getroffen und starb, wobei seine letzten Worte und Gedanken Lady Hester Stanhope galten. Wie verlautet, bewahrte diese seinen blutgetränkten Handschuh bis an ihr eigenes Lebensende auf. Um den vielen tragischen Erinnerungen zu entgehen, die sie in London auf Schritt und Tritt verfolgten, suchte sie in Wales Zuflucht, bevor sie der Küste Englands ein für alle Mal den Rücken kehrte.

Als Lady Hester Stanhope von einem walisischen Hafen aus in Richtung Mittelmeer aufbrach, wurde sie von ihrem Leibarzt Dr. Charles Meryon begleitet. Bei einem Zwischenstopp in Gibraltar holte sie den 20-jährigen Engländer Michael Bruce an Bord, der ihr Gesellschaft leisten sollte und ihr Geliebter wurde, sehr zum Missfallen von Dr. Meryon, der sich offenbar selbst in dieser Rolle gesehen hatte. Alles in allem schien Dr. Meryon jedoch ein versöhnlicher Mensch zu sein, denn er blieb etliche Jahre an ihrer Seite und wurde später ihr Biograf. Meryon schrieb ein dreibändiges Werk über seine Reisen mit Lady Hester Stanhope und sicherte ihr damit einen Platz in der Geschichte; ohne sein literarisches Vermächtnis wäre diese außergewöhnliche, unerschrockene Frau vermutlich in Vergessenheit geraten.

Von Gibraltar aus ging die Fahrt nach Korinth in Griechenland, wobei das Schiff in mehreren Etappen fuhr, um immer wieder neue Passagiere verschiedener Nationalität an Bord zu nehmen. Danach brach das Schiff, offenbar ohne festgelegte Reiseroute, in Richtung Ägypten auf; nach einem heftigen Unwetter kam es jedoch vom Kurs ab und musste mit schweren Schäden Rhodos anlaufen, elf Meilen südwestlich der türkischen Küste in der Ost-Ägäis. Dort wartete die Gesellschaft in Unterkünften, in denen es von Ratten wimmelte, auf die Ankunft eines Ersatzschiffes, um die Fahrt gen Osten fortzusetzen. Da sie während des Aufenthalts auf Rhodos den Großteil ihrer Vorräte und Garderobe einbüßte, legte sich Lady Hester Stanhope einen neuen Kleidungsstil zu, eine exzentrische Kombination aus Männerkleidung und schmucken, vermeintlich orientalischen Elementen. Obwohl viele Einheimische die Zusammenstellung belustigend fanden, stellte Lady Hester Stanhope fest, dass sie sowohl bequem als auch praktisch war, und verzichtete fortan auf die traditionelle britische Frauenkleidung.

Als die arg gebeutelte Gesellschaft im Februar 1812 endlich Ägypten erreichte, hatte die normalerweise einwöchige Überfahrt von Griechenland annähernd zwei Monate gedauert, und seit Lady Hester Stanhopes und Dr. Meryons Aufbruch von der englischen Küste waren fast zwei Jahre vergangen. In Kairo nahm sich Lady Hester Stanhope die Zeit, dem damaligen ägyptischen Herrscher Muhammad Ali Pascha einen Besuch abzustatten, bevor sie Erquickung in den kühleren Regionen der palästinensischen Hügel suchte, weit entfernt von den feuchten Niederungen des Nildeltas, das als Brutstätte von Insekten galt. Von hier machte sich die Gesellschaft auf den Weg nach Jaffa, im Süden des heutigen Tel Aviv am Mittelmeer gelegen.

Um diese gefährliche Region, die sich im Griff gesetzloser Banditen befand, ungehindert zu passieren, sicherte sich Lady Hester Stanhope die Unterstützung des skrupellosen Scheichs Abu Ghosch, Anführer der Wegelagerer, wie man munkelte, was ihr mithilfe einer hohen Bestechungssumme und einer gehörigen Portion Verwegenheit gelang. Offen-

Region um Askalon in den 1870er-Jahren.

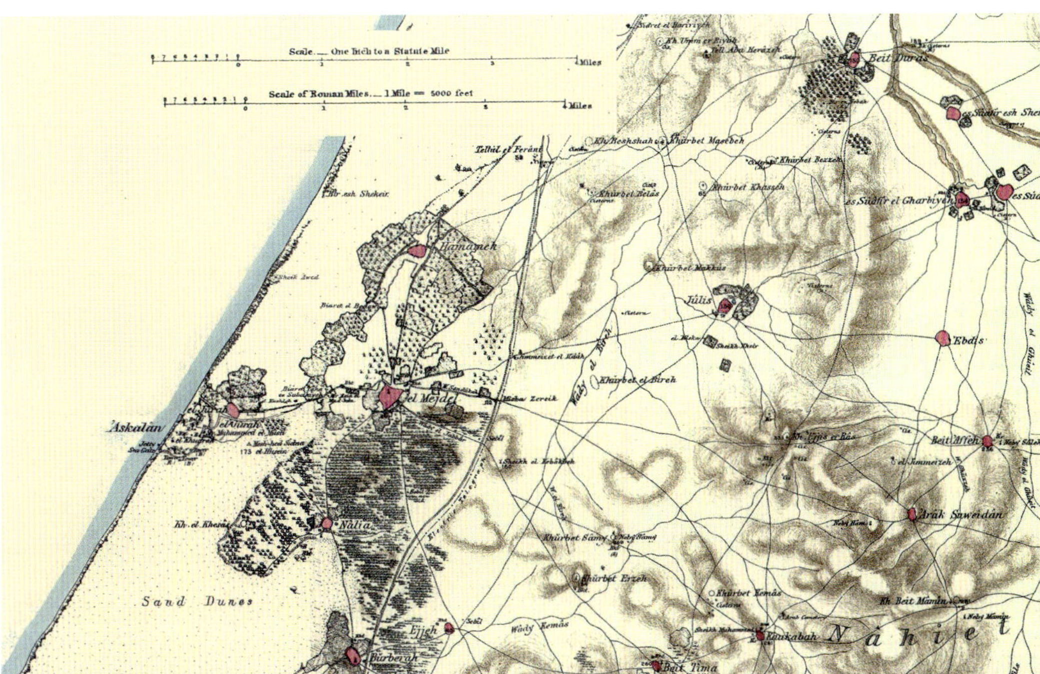

bar zahlte sich die Strategie aus, denn die Gesellschaft überlebte und besichtigte die Heilige Stadt, bevor sie sich nach Nazareth und an weitere heilige Stätten begab, über die damals in der westlichen Welt wenig bekannt war.

Nach vielen Irrwegen und Abenteuern im Mittleren Osten, einschließlich einer misslungenen und kostspieligen Schatzsuche in der Umgebung der antiken Stadt Askalon, ließ sich Lady Hester Stanhope 1821 in der von religiösen Drusen besetzten Stammesregion Joun nieder, einer fruchtbaren Hügeloase zwischen den kahlen weißen Kreidefelsen der Berge des Libanon, in der zahlreiche Olivenbäume wuchsen. Dort führte sie in einem entlegenen, verlassenen Kloster mit 36 Räumen, das »Deir es Sitt« genannt wurde, für kurze Zeit das Leben einer Herrscherin und behauptete, sie sei in der antiken Stadt Palmyra, einst an einem wichtigen Karawanenweg in Syrien gelegen, der Ende des 16. Jahrhunderts in Vergessenheit geriet, zur »Königin der Wüste« gekrönt worden, zu Ehren der Kriegerkönigin Zenobia, die im dritten Jahrhundert in der Oasenstadt geherrscht hatte.

Immer wieder von exzentrischen Anwandlungen überkommen, die in ihrer Familie erblich schienen, und mit einem riesigen Schuldenberg belastet, weil sie jedem Reisenden Gastfreundschaft gewährte, den es in ihr Refugium verschlug, und zahllose Flüchtlinge aufnahm, war Lady Hester Stanhope gesellschaftlich zunehmend isoliert. Dass sie den Flüchtlingen nach den kriegerischen Auseinandersetzungen der verschiedenen Drusenclans Asyl gewährte, trug ihr außerdem die Feindschaft von Muhammad Ali Pascha während seiner Machtkämpfe mit dem Sultan ein. Zu ihrem absonderlichen Verhalten gehörte unter anderem, dass sie ein Pferd in einem Raum des Klosters hielt, der Tag und Nacht hell erleuchtet war, und darauf bestand, dass ihr Gesinde es bediente, als wäre es königlichen Geblüts: Es bekam zum Beispiel regelmäßig eine Portion Speiseeis vorgesetzt. Dazu kam die Wahnvorstellung, dass der legendäre, im Verborgenen lebende muslimische Imam Mahdi – nach Auffassung der Schiiten der verheißene Erlöser, der die Welt von Tyrannei und Ungerechtigkeit befreien wird – eines Tages erscheinen und sie zur Frau nehmen würde. Von den ungebremsten Gesten der Großzügigkeit und den leichtfertigen Torheiten, die ihre finanziellen Probleme verstärkten, abgesehen, trug auch der Unterhalt des Mammutbesitzes auf dem Hügel zu ihrem unüberwindlichen Schuldenberg bei. Um die harsche Realität ihrer Lebensumstände zu verdrängen, die sie nicht mehr unter Kontrolle hatte, wandte sie sich zunehmend dem östlichen Mystizismus, der Alchemie und Astrologie zu. Schließlich griff die englische Regierung ein und beschlagnahmte ihre Pension, um die Begleichung ihrer ausufernden Schulden zu gewährleisten. Die meisten Dienstboten verließen Lady Hester Stanhope, die übrigen brachten alles in ihren Besitz, was nicht niet- und nagelfest war, als Lohn für ihre Arbeit. Am Ende ihres Lebens ließ Lady Hester Stanhope den Eingang zu ihrem Anwesen zumauern, um die syrischen Geldverleiher und andere Gläubiger fernzuhalten, die sie belagerten. Sie starb 1839 im Alter von 63 Jahren in dem Kloster, das ihr Refugium gewesen war und einer Festung glich.

Selbst nach ihrem Tod fand Lady Hester Stanhopes rastloser Geist keine Ruhe. Zunächst in den Klostergärten beigesetzt, wurden ihre sterblichen Überreste später in die abgeschirmte Sommerresidenz des britischen Botschafters überführt, als die Totenruhe während eines Bürgerkrieges in der Region gestört wurde. 2004 wurde ihre Asche schließlich über den Grundmauern ihres früheren Domizils verstreut. Das war alles, was von dem ehemaligen Kloster übrig geblieben war. Durch mangelnde Instandhaltung vor und nach Lady Hester Stanhopes Tod war es dem Verfall preisgegeben; das letzte Dutzend Räume des weitläufigen Bauwerks, das noch stand, wurde bei einem Erdbeben im Jahre 1956 dem Erdboden gleichgemacht.

Ida Pfeiffer

Als einziges Mädchen von sechs Kindern verbrachte die Österreicherin Ida Pfeiffer (1797–1858), geborene Reyer, einen großen Teil ihrer Kindheit und Jugend mit Aktivitäten im Freien, sodass sie nicht nur körperliche Kraft, sondern auch ein unerschütterliches Bedürfnis nach Eigenständigkeit und Unabhängigkeit entwickelte. Um die Dinge für die Eltern zu vereinfachen, die mit fünf (vielleicht sogar sechs) Jungen alle Hände voll zu tun hatten, und weil ihr Vater, ein wohlhabender Kaufmann, der Überzeugung war, dass seine Tochter im späteren Leben die gleichen Chancen wie seine Söhne haben sollte, wurde Ida als Kind genau wie ihre Brüder erzogen und gekleidet.

Als der Vater starb, beschloss die Mutter jedoch, die Neigungen der Neunjährigen auf weibliche Fähigkeiten und Fertigkeiten zu trimmen, wie es sich damals geziemte. Ida wurde also fortan genötigt, auf ihre maskuline Kleidung und ihre ungezügelten Aktivitäten unter freiem Himmel zu verzichten und häuslichen Tätigkeiten nachzugehen, beispielsweise Klavierstunden zu nehmen. Mit 17 hatten sich diese in den romantischen Bereich verlagert: Sie verliebte sich unsterblich in ihren Hauslehrer, der ihr einen Heiratsantrag machte. Ihre Mutter, die nach einer besseren Partie für ihre Tochter Ausschau hielt, verweigerte jedoch die Zustimmung. Als Ida 22 wurde, ließ sie sich auf eine Vernunftehe mit Dr. Mark Anton Pfeiffer ein, einem verwitweten Rechtsanwalt, der 24 Jahre älter war, eine wichtige Rolle in der österreichischen Regierung spielte und vor den Augen ihrer Mutter Gnade fand. Bald darauf verlor Pfeiffer jedoch seinen Posten, als er einen Korruptionsskandal in der Regierung aufdeckte, sich dadurch Feinde schuf und die Aufträge der öffentlichen Ämter ausblieben; die Suche nach neuen Arbeitsmöglichkeiten wurde vereitelt. Ida sah sich gezwungen, auf eben jene Fähigkeiten zurückzugreifen, die sie mühsam auf Geheiß ihrer Mutter erworben hatte, und erteilte Klavierunterricht, um ihren Mann und ihre beiden Söhne über die Runden zu bringen. Das Geld, das sie verdiente, reichte kaum für die grundlegenden Bedürfnisse der Familie aus und sie war auf die Hilfe ihrer Brüder angewiesen, um ihren Söhnen eine gute Ausbildung zu ermöglichen. 1831, nach dem Tod ihrer Mutter, erhielt sie jedoch eine kleine Erbschaft, die ihre finanzielle Situation verbesserte. Ida Pfeiffer und ihr Mann trennten sich 1835 und 1842 hatten beide Söhne einen eigenen Hausstand gegründet, sodass Ida Pfeiffer zum ersten Mal seit ihrer Jungmädchenzeit von jeglicher Verpflichtung befreit war. Sie wandte ihre Aufmerksamkeit umgehend einer Aktivität zu, die sie seit frühester Kindheit fasziniert hatte: dem Reisen.

Ida Pfeiffer

Um ihre Familienangehörigen nicht unnötig in Aufregung zu versetzen, die schon den Gedanken an eine allein reisende Frau ungehörig fanden, wählte Ida für ihren ersten Vorstoß ins Ausland ein gesellschaftlich annehmbares Ziel. Das Heilige Land bot sich als erste Etappe geradezu an, da es Bilder von einer spirituellen Pilgerreise heraufbeschwor und somit einen akzeptablen Vorwand für ihren Aufbruch lieferte. Trotz der frommen Bestrebungen, die damit verbunden sein mochten, war sich Ida Pfeiffer der Gefahren einer solchen Unternehmung durchaus bewusst und ver-

fasste ihren Letzten Willen, bevor sie sich auf der Donau in Richtung Schwarzes Meer einschiffte.

In Konstantinopel ging sie von Bord, bevor sie die Reise nach Jersusalem fortsetzte; von dort aus besuchte sie Ägypten, besichtigte die Pyramiden und die Sphinx und entdeckte ihre Vorliebe für Dromedarritte. Am Isthmus von Suez, einer Landenge im Nordosten von Ägypten, trat sie per Schiff den Heimweg an, wobei sie in Italien eine Zwischenstation einlegte. Ida Pfeiffer machte sich während der Reise eifrig Notizen, die 1843 unter dem Titel »Reise einer Wienerin in das Heilige Land« als Buch erschienen und in mehrere Sprachen übersetzt wurden. Mit den Einnahmen finanzierte sie die nächste Reise, dieses Mal nach Island und Skandinavien. Obwohl das Buch erfolgreich war, reichten die damit erzielten Einkünfte nur für ein knapp bemessenes Reisebudget. In Island ernährte sich Ida wie die Einheimischen von Porridge und Fisch und erkundete die Insel mit dem Pferdewagen, den sie eigenhändig lenkte. Nach sechs Monaten kehrte sie in ihre Heimat zurück und schilderte ihre Reiseeindrücke in einer zweibändigen Abhandlung mit dem Titel »Reise nach dem skandinavischen Norden und der Insel Island« (1846).

Offenbar entfachten diese anfänglichen Exkursionen ihre Reiselust immer mehr, denn sie beschloss, eine Weltreise zu unternehmen. 1846 bestieg sie ein dänisches Schiff, das Brasilien und die Hafenstadt Rio de Janeiro ansteuerte, von der heimgekehrte Globetrotter geschwärmt hatten. Entsetzt über die abgrundtiefe Armut, die sie bei ihrer Ankunft in der

Panorama von Konstantinopel, in den 1880er-Jahren vom Galataturm aus aufgenommen.

brasilianischen Metropole zu Gesicht bekam, machte sich Ida Pfeiffer mit einem einheimischen Führer auf den Weg in den Regenwald. Die Schönheit des Urwaldes verzauberte sie, wobei sie die Begegnung mit den Puri-Indianern offenbar weniger beeindruckend fand. Von Brasilien aus ging es weiter um Südamerika herum nach Tahiti, wo sie über die laxe sexuelle Moral der Insulanerinnen schockiert war. Die nächste Etappe war Macau und von dort fuhr sie an Bord einer Dschunke, die normalerweise Lasten beförderte, nach Kanton in China; dort legte sie Männerkleidung an, um ungefährdet die Stadt erkunden zu können. In Indien scheint sie sich am wohlsten gefühlt zu haben. Dort blieb sie mehrere Monate, von Einheimischen großzügig verköstigt und beherbergt, sodass sie nur mit einem Wasserbeutel und minimalen Kochutensilien unterwegs war und wenig Geld brauchte.

Ida Pfeiffers Abenteuer waren damit jedoch noch lange nicht beendet; in Mesopotamien (dem heutigen Irak sowie Teilen Syriens und der Türkei) gelang es ihr, sich einen Platz in einer Kamelkarawane zu verschaffen. Durch ihre früheren Erfahrungen mit den ägyptischen Dromedaren war sie offenbar gut in Form, denn sie überstand unbeschadet den 450 Kilometer weiten Ritt durch die Wüste bis Mosul; schließlich erreichte sie den Norden Persiens und die Stadt Täbris. Vor ihrer Abreise nach Russland stattete sie dem britischen Konsul einen Besuch ab, der fassungslos war, dass eine alleinstehende Frau ohne Fremdsprachenkenntnisse diese Region bereiste. In Russland geriet sie in den Verdacht, eine Spionin zu sein, und wurde verhaftet und verhört, doch nach einer Nacht in der Arrestzelle auf freien Fuß gesetzt. Als sie schließlich den Heimweg antrat, reiste sie durch die Türkei, Griechenland und Italien, bevor sie 1848 wieder österreichischen Boden betrat. Unmittelbar nach ihrer Rückkehr begann sie abermals, ihre Reiseerinnerungen zu Papier zu bringen. Obwohl sie durch ihre bisherigen Veröffentlichungen bereits bekannt war, fand sie mit dem Buch »Eine Frau fährt um die Welt« auch international Anerkennung und erhielt zahlreiche Einladungen ins Ausland.

Wie zu erwarten war, brauchte Ida Pfeiffer nicht lange, um einigen Einladungen nachzukommen, und begab sich 1851 auf ihre zweite Weltreise. Von England aus führte ihr Weg nach Kapstadt in Südafrika und von dort ging es weiter Richtung Osten durch den Indischen Ozean zur Insel Borneo im Malaiischen Archipel, wo sie die Gastfreundschaft von Sir James Brooke genoss, dem in Großbritannien geborenen Raja von Sarawak. Sie verbrachte einige Zeit auf den Sunda-Inseln und den benachbarten indonesischen Molukken. Während sie dort weilte, nutzte Pfeiffer die Gelegenheit zu einem Besuch der Dayak, Kopfjägern, die auf Borneo beheimatet waren und in traditionellen Langhäusern lebten. Im Norden Sumatras kam sie mit dem patriarchalischen Volk der Batak in Kontakt, das wegen seiner Vorliebe für Menschenfleisch gefürchtet war; sie überlebte die Begegnung jedoch und war der erste Mensch, der über die Kultur und Traditionen dieser ethnischen Gruppen im indonesischen Hochland berichtete. Es überrascht wohl nicht, dass die Batak eine außergewöhnliche Erscheinung in ihr sahen und darauf bestanden, dass sie mehreren Stammesgebieten einen Besuch abstattete. Als man ihr schließlich den höchst ehrenvollen Vorschlag unterbreitete, sie zu verspeisen, konnte Ida Pfeiffer sie wohl davon überzeugen, dass sie zu alt, zu zäh und folglich ungenießbar sei.

Nach ihrem Aufenthalt in Malaysia legte Ida Pfeiffer einen kurzen Zwischenstopp in Australien ein, dann fuhr sie quer über den Pazifik, um sich

verschiedene Regionen Nordamerikas anzuschauen, bevor sie nach Südamerika weiterreiste und die Anden besuchte. Anschließend kehrte sie noch einmal nach Nordamerika zurück. Endstation waren die Great Lakes und im Juni 1855 kehrte sie, nach vierjähriger Abwesenheit, nach Europa zurück. Auch dieses Mal produzierte sie einen Bestseller, »Meine zweite Weltreise«, der 1856 erschien.
Zu ihrem letzten großen Abenteuer gehörte eine Reise nach Madagaskar, wo sie von Königin Ranavalona herzlich empfangen wurde. Die Beziehung trübte sich indes, als ruchbar wurde, dass sie möglicherweise unbeabsichtigt in einen europäischen Umsturzplan verwickelt war, der darauf abzielte, die Monarchin zum Abdanken zu zwingen und ihren Sohn, den Kronprinzen Rakoto, auf den Thron zu hieven. Sie wurde zusammen mit mehreren anderen Ausländern, die an dem Komplott teilhatten, verhaftet. Nur durch das Eingreifen des Kronprinzen, dessen Mutter nichts von seiner Beteiligung an dem Staatsstreich ahnte, gelang es Ida Pfeiffer und den anderen Verhafteten, dem Erschießungskommando zu entgehen. Sie wurde schließlich freigelassen, des Landes verwiesen und im Juli 1857 nach Europa zurückgebracht, doch die Haft forderte ihren Tribut und sie erholte sich nie wieder vollständig von den Folgen.
1858 starb Ida Pfeiffer in Wien, möglicherweise an einer Tropenkrankheit, die sie sich auf Madagaskar zugezogen hatte. Ihr Sohn veröffentlichte 1861 posthum ihre letzten Reiseaufzeichnungen unter dem Titel »Reise nach Madagaskar«. Ida Pfeiffers Bücher wurden in sieben Sprachen übersetzt und inspirierten unzählige Menschen in aller Welt. Infolge ihrer abenteuerlichen Reisen, einmaligen Erfahrungen und detaillierten Beschreibungen ihrer Erlebnisse wurde sie Mitglied in verschiedenen angesehenen geografischen Gesellschaften in Berlin und Paris, auch wenn ihr der Zutritt zur *Royal Geographical Society* in Großbritannien aufgrund ihres Geschlechts verwehrt blieb.

Isabella Lucy Bird Bishop

Erst 34 Jahre später schaffte es eine Frau, die stringente Hürde der *Royal Geographic Society* zu überwinden, die sich als reine Männergesellschaft definierte. Die Engländerin Isabella Lucy Bird Bishop (1831–1904) wurde als erstes weibliches Mitglied aufgenommen. Um sich zu qualifizieren, musste sie die beiden sensationellen Weltreisen von Ida Pfeiffer noch überbieten, was ihr dadurch gelang, dass sie den Globus gleich drei Mal umrundete. Ähnlich wie Ida Pfeiffer finanzierte auch sie einen großen Teil ihrer abenteuerlichen Reisen durch die Bücher, die sie darüber schrieb. Ihre Kindheit und Jugend verliefen relativ ereignislos, das einzig Interessante scheinen diverse Ortswechsel gewesen zu sein, wann immer ihr Vater, Pastor der *Church of England*, in eine neue Gemeinde versetzt wurde. Als junges Mädchen litt Isabella Bird Bishop an verschiedenen Krankheiten, die auf rätselhafte Weise verschwanden, als sie Gelegenheit hatte, ihrer wahren Neigung nachzugehen, ihrer unbändigen Reiselust. Mit 23 Jahren unternahm sie ihre erste bedeutsame Reise: Sie besuchte Verwandte in Amerika. Die Erfahrung endete, als die 100 Pfund Reisegeld von ihrem Vater aufgebraucht waren. Danach veröffentlichte sie ihr erstes Buch, »The Englishwoman in America« (1856). Obwohl sie ihre Exkursionen fortsetzte, wann immer sich die Chance bot, machte sie sich erst nach dem Tod ihrer Mutter im Jahre 1868 ernsthaft daran, ihre langfristigen Reisepläne in die Tat umzusetzen. Auf diese Weise vermied sie es, zu ihrer Schwester zu ziehen, deren häuslichen Lebensstil sie beengend fand.

1872 beschloss sie, England zu verlassen und zuerst Australien und danach Hawaii zu besuchen, in Europa damals Sandwich-Inseln genannt. Dort blieb sie sechs Monate und wurde sogar von Königin Emma empfangen, die mit ihrem Gemahl König Kamehameha IV. das Inselreich von 1856 bis zu seinem Tod im Jahre 1863 regierte. Außerdem bestieg

Isabella Lucy Bird Bishop, Holzgravur, 1891.

sie den Mauna Loa oder »langen Berg«, den größten Vulkan der Erde und einen der fünf Vulkane, die Bestandteile der Insel Hawaii sind. In ihrer Reisebeschreibung »Six Months in the Sandwich Islands« schilderte sie ihre Erlebnisse und Eindrücke, die sie bei Exkursionen in entlegene Regionen und durch das Zusammenleben mit den Einheimischen gewann.

Von Hawaii aus reiste sie nach Colorado, in einen Landstrich, der damals gerade im Begriff war, offiziell als eigenständiger US-Bundesstaat anerkannt zu werden. Isabella Bird Bishop hatte sich für einen längeren Aufenthalt in dieser Gegend entschieden, weil man der trockenen sauberen Luft eine gesunde Wirkung zuschrieb. Sie unternahm häufig Ausritte und legte sich dabei eine praktische Garderobe zu, die ihr gestattete, wie ein Mann zu reiten statt im gesellschaftlich akzeptierten Damensitz. Dadurch beugte sie Rückenschmerzen vor, ein Problem, das im Seitsattel häufig auftrat, das bei ihr aber auch von einer Operation herrührte, bei der man wenige Jahre zuvor versucht hatte, einen Tumor im Bereich ihrer Wirbelsäule zu entfernen. Im Herrensitz zu reiten hatte sie auf Hawaii von den mexikanischen Vaqueros gelernt, die beim Zusammentreiben der aus Island importierten, frei umherziehenden Rinderherden halfen. Auf diese Weise hatte sie auch Nordamerika durchquert und dabei mehr als 1200 Kilometer von San Francisco bis zum Lake Tahoe und durch die Rocky Mountains bis Colorado zurückgelegt. Einen Teil dieser abenteuerlichen Reise unternahm sie in Begleitung eines Mannes namens Jim Nugent, der steckbrieflich gesucht wurde. Nugent war ein berüchtigter Bandit, der zu Gewalttätigkeit und poetischen Anwandlungen neigte. Offenbar machte er ihr den Hof und Isabella Bird Bishop schien ähnlich romantische Gefühle für den einäugigen Nugent zu hegen, den sie ihren »lieben Desperado« nannte. Doch als sich die Reise dem Ende zuneigte, ließ sie ihn in den Rockies zurück und machte sich auf den Heimweg. Nugents Schicksal entschied sich knapp ein Jahr später, am falschen Ende eines Gewehrlaufs.

Stereofotografie des Steeple Rock, Garten der Götter, Colorado.

Wieder in England, begab sie sich wegen ihrer zahlreichen physischen Beschwerden in medizinische Behandlung und lernte dabei John Bishop kennen, einen Arzt aus Edinburgh, den sie schließlich auch heiraten sollte. Doch da sie keine Eile hatte, begab sie sich vorab noch einmal auf eine längere Reise nach Fernost, einschließlich Zwischenstopps in Japan, China, Vietnam, Singapur und Malaysia. In Japan engagierte sie einen jungen Mann als Dolmetscher und lebte unter den Mitgliedern des Ainu-Stammes in den nördlichsten Regionen des Landes. Dieses bis heute noch weitgehend unbekannte Urvolk war auf Hokkaidō, den Kurilen und in der Gegend um Sachalin beheimatet; vermutlich fand die Besiedelung dieser Regionen in prähistorischen Zeiten statt, während der sogenannten Jōmon-Periode von 14 000 bis 400 v. Chr. Die Bezeichnung »Ainu« bedeutet »Mensch«. Ihre relativ helle Haut und starke Körperbehaarung führten zu der Annahme, dass die Ainu kaukasischen Ursprungs sind. Moderne DNA-Tests lieferten indes keine Bestätigung dieser Schlussfolgerung, da sie ähnliche Merkmale wie die Ureinwohner Tibets und der Andamanen-Inseln im Indischen Ozean aufweisen und in geringerem Ausmaß der Urbevölkerung im Osten Russlands und in der Mongolei gleichen. Hinzu kommen Indizien, die auf eine Verwandtschaft mit anderen Nomadengruppen hinweisen.

Ainu-Kinder in einem Garten, 1908.

Isabella Bird Bishop berichtete in ihrer 1880 veröffentlichten Abhandlung »Unbeaten tracks in Japan« über ihre Erfahrungen mit den Ainu. Als sie die Rückreise antrat, hatte sie sich mit dem Erfolg ihrer früheren Bücher, die ihre Reisen nach Hawaii und Colorado schilderten, bereits einen Namen gemacht. Kurz nach ihrer Ankunft starb ihre Schwester an Typhus und in ihrem Kummer wandte sie sich Dr. Bishop zu; sie heirateten 1881, als Isabella Bird Bishop bereits 50 Jahre alt war, ein Alter, das selbst heute für eine erste Ehe als vorgerückt gilt. In den nachfolgenden fünf Jahren führte sie offenbar ein erfülltes häusliches Leben, wie es sie einige Jahre zuvor noch zur Flucht bewogen hatte und zur Triebfeder ihrer Reisen geworden war. Als Dr. Bishop 1886 starb, beschloss sie, ihr Nomadenleben wieder aufzunehmen; dieses Mal wollte sie sich jedoch nicht auf die Rolle der Beobachterin beschränken, sondern als Missionarin eine sinnvollere Tätigkeit verrichten. Um sich auf ihre Aufgabe vorzubereiten, studierte sie noch rasch Medizin, bevor sie 1888 mit dem Schiff nach Indien aufbrach. Dort besuchte sie Missionsstationen und errichtete zwei Krankenhäuser, eines in Amritsar, das dem Andenken ihrer Schwester gewidmet war, das zweite in Srinagar, zur Erinnerung an ihren verstorbenen Mann. Von hier aus reiste Isabella Bird Bishop nach Kaschmir und weiter nach Norden in die spärlich bevölkerte Region von Ladakh, die an Tibet grenzt; dort bestieg sie das Kunlun-Gebirge im Norden und mehrere Himalaja-Gipfel im Süden. Unterwegs ereilte sie ein Missgeschick: Ihr Pferd rutschte beim Durchqueren eines Flusses aus und ertrank, während es ihr gelang, mit zwei gebrochenen Rippen das rettende Ufer zu erreichen.

Im Anschluss kehrte sie nach Shimla zurück, in die prachtvolle und entlegene Hauptstadt des indischen Bundesstaats Himachal Pradesh, deren Name sich von einer Reinkarnation der Göttin Kali ableitet. In Shimla, 1819 von den Briten »entdeckt« und 1864 von der Regierung Britisch-Indiens zur Sommerresidenz erkoren, beschloss sie, den britischen Major Herbert Sawyer zu begleiten, der den Weg zu seiner neuen Dienststelle in Persien antrat. Das Paar durchquerte mitten im Winter die Wüste, wobei Isabella Bird Bishop mit einer Truhe ausgerüstet war, die Arzneien enthielt und einen Revolver; die beiden überlebten die Strapazen mit knapper Not und erreichten Teheran in äußerst geschwächtem Zustand. Nachdem sie den Major an seinem Bestimmungsort abgesetzt hatte, setzte Isabella Bird Bishop die Reise fort und führte sechs Monate lang eine eigene Karawane durch den Norden des Irak, durch Kurdistan und die Türkei.

Abermals nach England zurückgekehrt, wurde Isabella Bird Bishop dieses Mal mit der Aufnahme in die renommierte *Royal Scottish Geographical Society* geehrt und kurz darauf als erste Frau Mitglied der *Royal Geographical Society*. Sie hatte inzwischen begonnen, sich für die politischen Aspekte ihrer Reisen zu engagieren; sie wollte auf die Grausamkeiten aufmerksam machen, deren Zeuge sie in verschiedenen Teilen der Welt geworden war, vor allem gegen die Armenier im Mittleren Osten.

Trotz der Lobeshymnen, mit denen man sie in Anerkennung ihrer Leistungen und ihrer neu entdeckten politischen Plattform überschüttete, hielt es sie nicht lange an einem Ort und zwei Jahre später, 1894, befand sie sich wieder auf dem Weg nach Osten. Sie besuchte Japan und im Anschluss Korea, musste aber bei Ausbruch des sino-japanischen Krieges in der mandschurischen Stadt Mukden (heute Schenyang) Zuflucht suchen. Dort gelang es ihr, den Marsch der chinesischen Soldaten zur Grenze zu dokumentieren, und sobald die Kampfhandlungen geendet hatten, reiste sie erneut nach Korea, um sich ein Bild von der Zerstörung zu machen, die der Krieg angerichtet hatte. Nach China zurückgekehrt, fuhr sie mit einem Sampan, einem flachen Holzboot von ungefähr vier Meter Länge, den Jangtse hinunter, bis der Fluss nicht mehr schiffbar war. Dann ging es über Land nach Sichuan, wo ihr Erscheinungsbild den Zorn einiger Bewohner weckte und sie als ausländischer Teufel festgenommen wurde. Das Haus, in dem man sie gefangen hielt, wurde vom aufgebrachten Mob angezündet, doch sie wurde in letzter Minute von Soldaten gerettet, die zufällig des Weges kamen. Auf einer anderen Reise wurde sie gesteinigt und bewusstlos liegen gelassen. Doch die unerschrockene Frau überlebte sogar diese Tortur und schaffte es, zu Fuß die Berge an der tibetischen Grenze zu durchqueren, bevor sie sich 1897 erneut auf den Heimweg begab. Ihr Buch »The Yangtze Valley and Beyond«, das ihre Abenteuer beschreibt, erschien 1900.

1901, im Alter von 70 Jahren, trat sie ihre letzte Reise an, dieses Mal nach Marokko, wo sie unter Berbern lebte. Der Sultan selbst schenkte ihr dort einen prächtigen schwarzen Hengst. Um diesen zu besteigen, benötigte sie eine Leiter. Als sie 1904 nach Edinburgh zurückkehrte, erkrankte sie und starb kurz darauf, doch erst nachdem sie begonnen hatte, in allen Einzelheiten eine weitere Reise nach China zu planen.

Alexandrine Pieternella Françoise Tinné

Alexandrine Pieternella Françoise Tinné

Unglücklich verliebt, beschloss die in Holland geborene Alexandrine Pieternella Françoise Tinné (1835–1869), auch Alexine genannt, dass Abenteuer die beste Möglichkeit boten, ihren Kummer zu vergessen. Von einem Hauslehrer unterrichtet, war sie versiert in den schönen Künsten und bewies sowohl beim Klavierspielen als auch beim Fotografieren außerordentliche Begabung. Außerdem sprach sie fließend Englisch und Französisch, Sprachkenntnisse, die sie während der zahlreichen Reisen mit ihren Eltern erworben hatte und die ihr später gute Dienste leisten sollten.

Als Alexandrine Tinnés Vater, der holländische Kaufmann Philip Tinné, starb, hinterließ er ihr einen Teil seines beträchtlichen Vermögens und machte die Zehnjährige damit zur reichsten Erbin der Niederlande. Obwohl ihre Entscheidung, exotische Länder der Erde zu bereisen, für die Frauen der Viktorianischen Epoche ungewöhnlich war, stellte zumindest die Finanzierung keine Hürde dar. 1861 verließ sie ihr Elternhaus und brach nach Ägypten auf, mit der Absicht, den Nil entlangzufahren, auf der Suche nach den Quellen des Weißen Nil. In Kairo angekommen, heuerte sie eine Bootsflottille an und in Begleitung ihrer Mutter, die ihre Abenteuerlust teilte, ihrer Tante Adriana, einiger Wissenschaftler, Assistenten und einer großen Schar Dienstboten machte sie sich daran, die Geheimnisse des Flusses zu ergründen.

Es war Tinnés zweite Nil-Expedition: Das erste Mal war sie 1857 mit einem ähnlichen Tross aufgebrochen, den sie noch durch eine arabische Mannschaft, Wächter, Diener und eine Menagerie aus einem Pferd, einem Esel und mehreren Hunden ergänzt hatte. Sie waren bis Wadi Haifa gekommen, eine Stadt im Nordsudan, an den Ufern des Nassersees gelegen, mussten jedoch umkehren, weil ihnen ein mächtiger Wasserfall den Weg versperrte. Beim zweiten Anlauf steuerte die kleine Armada zuerst Gondokoro an, eine Stadt in der Bahr-al-Jabal-Region des Südsudan am Westufer des Oberen Nil, wo der schiffbare Teil des Flusses endete. Dort wollten sich Tinné und ihr Gefolge dem britischen Forscher John Hanning Speke anschließen. Speke tauchte indes nicht auf und Tinné beschloss, die Reise fortzusetzen und die Nilquellen auch ohne ihn zu suchen. Wegen der heimtückischen Stromschnellen, die hinter diesem Teil des Flusses begannen, hatte sich kein Europäer bisher weiter vorgewagt. Doch das schreckte Tinné nicht ab: Von Gondokoro aus wandte sich die Expedition nach Westen, durchquerte gefährliches afrikanisches Terrain, drang tief in das Stammesgebiet der kriegerischen Dinka vor, erforschte die Umgebung des Gazelle- und Sobat-Flusses, des Tschadsees und das Nilbecken. Tinné, ihre Mutter und ihre Tante erkundeten ein Jahr lang diese Regionen, zum Teil unter haarsträubenden Bedingungen, die durch die Regenzeit noch erschwert wurden. Die Expeditionsteilnehmer waren ständig durchnässt und froren, die Zelte brachen unter den wolkenbruchartigen Regenfällen zusammen. Sie wurden von Moskitos und anderen Insekten heimgesucht und litten an den tropischen Fiebererkrankungen, die damit einhergingen. Die Gesichter der Frauen waren von den zahlreichen Insektenstichen entstellt. Unter den Wachen, die sie zu ihrem Schutz angeheuert hatten, brach eine Meuterei wegen der Lebensmittelvorräte aus, die zur Neige gingen. Doch trotz aller Torturen wurde die Expedition fortgesetzt, bis Tinné an einem besonders kräftezehrenden Fieber erkrankte (ein Malariaanfall, wird vermutet) und die Reisegesellschaft beim Stamm der Schilluk eine Ruhepause einlegen musste. Es dauerte einen ganzen Monat, bis Tinné genesen und wieder einigermaßen bei Kräften war, im Gegensatz zu einigen ihrer Leidensgenossen. Zu denen, die starben, gehörte auch ihre Mutter.

Obwohl in Trauer, setzte Tinné die Reise fort und erreichte Mitte des Jahres 1864 Khartoum, die Hauptstadt des Sudan. Dort starb ihre heiß geliebte Tante an dem Fieber, das bereits ihre Mutter das Leben gekostet hatte. Schweren Herzens und von Schuldgefühlen geplagt, trat Tinné den Rückweg nach Kairo an. Trotz der schweren persönlichen Verluste hatte die Expedition viel erreicht, was wissenschaftliche und geografische Erkennt-

Segelboot auf dem Nil, Kairo, 1890er-Jahre.

nisse hinsichtlich Topografie, geologischer Beschaffenheit und Klima in der Region betraf. Darüber hinaus brachte Tinné wichtige Informationen über Flora und Fauna mit, die sie auf ihrem Weg erkundet hatte. Ein großer Teil der gesammelten Exemplare wurde nach England geschickt, um sie sicher aufzubewahren, gemeinsam mit Tinnés ausführlichen Reisebeschreibungen; beides wurde bedauerlicherweise während des Zweiten Weltkriegs zerstört.

Nachdem sie ihre nächsten Angehörigen verloren hatte, sah Tinné keinen Grund für eine Rückkehr nach Europa und ließ sich die nächsten vier Jahren in Kairo nieder. Von hier aus erkundete sie die umliegenden Länder, bereiste Algerien und Tunesien; schließlich brach sie mit einer Karawane in die Sahara auf und versuchte als erste Frau, sie zu durchqueren. Um die harschen Bedingungen in der endlosen Sandwüste erträglicher zu gestalten, nahm sie zwei mit Wasser gefüllte Eisentanks und eine Eismaschine mit. Vermutlich war die verwegene Abenteurerin dieses Mal auf der Suche nach den Quellen des Kongoflusses. Unterwegs nahm sie einen einheimischen Führer in ihre Dienste, der das Expeditionsteam durch das Gebiet der Tuareg begleitete, ein Nomadenvolk, das im Inneren der nordafrikanischen Sahara lebt. Dort traf sie sich mit einem der lokalen Stammesführer, der ihnen sicheres Geleit zusagte.

Diese Begegnung sollte ihr zum Verhängnis werden. Man vermutet, dass jüngere Stammesmitglieder einen Überfall auf die holländische Expedition ausübten, um zu beweisen, dass der Führer eine Marionette der Europäer war, ausgedient hatte und seine Schutzbefohlenen nicht einmal sicher durch das eigene Territorium zu geleiten vermochte. Dieser Vorfall führte letztendlich zum Tod der unerschrockenen Afrikaforscherin. Im Alter von 29 Jahren, auf dem Weg nach Ghat, einer Stadt im Herzen der Sahara, die heute zu Libyen gehört, wurden sie und ihre niederländischen Wächter ermordet: Man schlug ihr brutal die Hand ab und ließ sie in der Wüste verbluten. Trotz ihres vorzeitigen Endes hatten Tinnés wagemutige Expeditionen nachhaltige Auswirkung und förderten das Wissen um diesen weitgehend unbekannten Teil des afrikanischen Kontinents.

Lady Florence Baker

Zu den wohl außergewöhnlichsten Biografien in der Geschichte der Entdeckerinnen zählt mit Sicherheit die der unbezähmbaren Lady Florence Baker (1841–1916). Sie wurde als Barbara Maria Freiin von Sass in Osteuropa geboren, vermutlich in Rumänien, und war schon im Alter von

Lady Florence Baker, Holzgravur, 1873.

sieben Jahren Vollwaise, als beide Eltern ums Leben kamen. Über ihr Schicksal während des folgenden Jahrzehnts ist wenig bekannt, doch mit 17 sollte sie auf dem ottomanischen Sklavenmarkt in Ungarn verkauft werden, als die große Chance ihres Lebens in Gestalt des 38-jährigen Samuel Baker des Weges kam, der sie freikaufte.

Sir Samuel White Baker war Forschungsreisender, Großwildjäger, Ingenieur, produktiver Schriftsteller und als Abolitionist ein erklärter Anhänger der Politik der Sklavenbefreiung. Als er Florence freikaufte, war er Witwer und Vater mehrerer Kinder. Offenbar hatte er eine Gefährtin für seine abenteuerlichen Reisen gesucht und in ihr die ideale Besetzung gefunden. Er war ein enger Freund von König Edward und gut mit dessen Mutter, Königin Victoria, bekannt, die seine vielfältigen Aktivitäten mit Interesse verfolgte. Doch diese Beziehungen litten infolge seiner unorthodoxen Brautschau und der Reisen mit seiner Begleiterin, die ihm nicht angetraut war. Gemeinsam besuchte er mit Florence Afrika, später Asien und Nordamerika, wo sie zahlreiche Schwierigkeiten bewältigen mussten, unter anderem Sümpfe mit Malaria übertragenden Mücken und feindliche Auseinandersetzungen mit der Bevölkerung. Dass die beiden einen bedeutenden Zufluss des Nils entdeckten, den sie nach dem unlängst verstorbenen Ehemann von Königin Victoria Lake Albert nannten, trug zur Wiederbelebung der abgekühlten Beziehungen zum Königshaus bei. 1865 kehrten sie nach England zurück, wo sie offiziell heirateten und Florence Samuel Bakers Kinder kennenlernte, die sie mit offenen Armen empfingen. Nach dem Tod ihres Vaters kümmerten sie sich hingebungsvoll um ihre Stiefmutter. Doch lange vorher, 1870 bis 1873, kehrten Florence und Samuel Baker nach Afrika zurück, um über den Sklavenhandel am Nil zu berichten, eine interessante Wende für eine Frau, die ihm beinahe selbst zum Opfer gefallen wäre.

Kate Marsden

Obwohl nur wenige persönliche Einzelheiten über die Engländerin Kate Marsden (1859–1931) bekannt sind, spiegeln Zeitungsartikel der damaligen Zeit einige ihrer außergewöhnlichen Eigenschaften wider. Aufsehen erregte vor allem ihre Fahrt mit dem Hundeschlitten, die sie 3000 Kilometer durch Sibirien führte, auf der Suche nach einem Heilmittel gegen Lepra. Kate Marsden hatte ihr Leben offenbar schon früh in den Dienst am Nächsten gestellt. Sie war mehrere Jahre als Krankenschwester tätig und auf den Schlachtfeldern des Russisch-Türkischen Krieges im Einsatz, der zahlreiche Opfer forderte; später lebte sie in Neuseeland und Südafrika, wo sie ebenfalls in der Krankenpflege tätig war. 1899 zog es die kampferprobte Krankenschwester, inzwischen mittleren Alters, nach Berlin, offenbar ohne nennenswerte finanzielle Mittel. In dieser Zeit erfuhr sie von einer Pflanze, die in Sibirien wuchs und dem Vernehmen nach ein Heilmittel gegen Lepra war.

Lepra galt in allen geschichtlichen Epochen als eine Heimsuchung, die Angst und Grauen auslöste. In einigen Kulturen wurde die Krankheit als Teufelswerk betrachtet und die Manifestation stigmatisierte die Opfer zusätzlich. Zu Kate Marsdens Zeit war man der Überzeugung, Lepra sei hochgradig ansteckend; deshalb wurden die Kranken aus der Gemeinschaft ausgeschlossen und in Leprakolonien an entlegene Orte verbannt, beispielsweise auf Inseln, die der Küste vorgelagert waren, wo man sie einfach ihrem Schicksal überließ. Heute weiß man, dass die Ansteckungsgefahr bei kurzem Kontakt relativ gering ist; eine Isolation ist daher überflüssig und unmenschlich. Erschwerend kam damals hinzu, dass Lepra häufig mit der leicht übertragbaren Syphilis verwechselt wurde, da beide Krankheiten ähnliche Symptome aufweisen. Die gängige Isolationstherapie hatte in diesen Fällen oft nur eine weitere Verbreitung der Krankheit zur Folge. Es ist allerdings verständlich, dass Lepra panische Angst hervorrief, weil sie das Nervensystem ohne entsprechende Behandlung beträchtlich und unwiderruflich schädigt, sich auf Gliedmaßen und Augen auswirkt, zum Verlust von Haaren und Wimpern und zu grauenvollen Hautläsionen führt. Heute ist bekannt, dass Lepra durch Bakterien verursacht wird, und obwohl die Einzelheiten der Übertragung noch nicht vollständig geklärt sind, geht man davon aus, dass es sich um eine Tröpfcheninfektion handelt.

Kate Marsden 1893 in ihrem Reiseoutfit. Hinter ihr ist eine Karte mit ihrer Russland-Reiseroute zu sehen.

Angesichts der großen Angst vor dieser Krankheit und der Hilflosigkeit, mit der man ihr begegnete, erstaunt es nicht, dass Kate Marsdens abenteuerliche Reise über die eisigen Ebenen Sibiriens, auf der Suche nach einer Wunder bewirkenden Heilpflanze, große Unterstützung fand. Kaiserin Friedrich (1840–1901), Gemahlin des deutschen Kaisers Friedrich III., gehörte zu den ersten Befürwortern der Expedition. Als Tochter von Königin Victoria und Prinz Albert sicherte sie sich unverzüglich die Unterstützung ihrer Mutter zu, die ein Empfehlungsschreiben für die russische Zarin ausstellte. Diese ließ Kate Marsden nach ihrer Ankunft in Sankt Petersburg im Jahre 1890 jede nur erdenkliche Hilfe bei der Vorbereitung der Expedition zuteil werden, zu der auch die Zusicherung von militärischem und staatlichem Beistand bei der Durchquerung Sibiriens zählte.

Marsden verließ Moskau am 1. Februar 1891 mit dem Zug, ihr Ziel war die ostsibirische Stadt Jakutsk; sie kam bis in die russische Stadt Slatoust, wo sie ihre Reise nach Osten mit Schlitten, Kutschen und zu Pferde fortsetzte. Trotz der Vorzugsbehandlung, die man ihr unterwegs angedeihen ließ, waren die Strapazen bei der Durchquerung der unwirtlichen sibirischen Einöde unvorstellbar. In ihrem Buch »On Sledge and Horseback to Outcast Siberian Lepers« (1892) erinnert sie sich an die Herausforderungen, denen sie sich Ende des 19. Jahrhunderts stellte, an den gnadenlosen Kampf gegen Temperaturen unter dem Gefrierpunkt, Erschöpfung und Hunger, die sie bei ihrer abenteuerlichen Reise über die eisigen Ebenen und durch die dichten Wälder begleiteten. Im Juli 1891 erreichte sie endlich Jakutsk. Obwohl ihre Suche erfolglos blieb, hörte sie unterwegs viele Erzählungen, die darauf hindeuteten, dass es die Heilpflanze tatsächlich gab, und nach ihrer Rückkehr war sie mehr denn je von deren Existenz überzeugt.

Obwohl sie das erhoffte Wundermittel nicht gefunden hatte, lernte Marsden viele Leprakranke kennen und die Aufzeichnung dieser Begegnungen, ihre Reiseberichte und nachfolgenden Veröffentlichungen machten auf die menschenunwürdigen Lebensbedingungen der Kranken aufmerksam. Die Bewohner Sibiriens glaubten, der Ausbruch der Lepra sei

Teufelswerk; sie ächteten die Opfer und verbannten sie in entlegene Regionen der eisigen Wälder, wo sie ohne jede Hilfe von außen dem Tode ausgeliefert waren. Die Russen, die den Verfehlungen der Zaren-Regierung keinerlei Interesse entgegenbrachten, waren später entrüstet über diese Entdeckung, aber erst, als Kate Marsden den Leidensweg der Leprakranken sichtbar gemacht, einen Durchbruch beim Abbau des sozialen Stigmas erzielt und die Aufmerksamkeit auf die menschenunwürdige Behandlung gelenkt hatte.
In den 1930er-Jahren wurde endlich eine sichere und wirksame Therapie in Form des antibakteriell wirkenden Medikaments Dapson entwickelt, doch die Lepraerreger wurden im Lauf der Zeit resistent gegen dieses Mittel. Erst in den 1980er-Jahren, als die Behandlung mit Multi-Medikamenten eingeführt wurde, konnte man die Krankheit erfolgreich unter Kontrolle bringen.

Gertrude Margaret Lowthian Bell

Die Orientalistin Gertrude Margaret Lowthian Bell (1868–1926), die ausgedehnte Reisen überwiegend im Mittleren Osten unternahm, wurde noch zu ihren Lebzeiten als »weiblicher Lawrence von Arabien« und »ungekrönte Königin des Irak« gefeiert; die Araber nannten sie »Tochter der Wüste« oder »Al Khatun« – die Frau, die ein offenes Auge und Ohr für die Belange des Staatswesens hat.
Gertrude Bell wurde in Washington Hall in der englischen Grafschaft Durham geboren und ihre Familie zeichnete sich durch beträchtlichen Wohlstand und Einfluss aus. Sie war die Enkelin von Sir Isaac Lowthian Bell, einem angesehenen Wissenschaftler, Mitglied der *Royal Society* (einer hochkarätigen Gelehrtengesellschaft) und Angehörigen des britischen Par-

Gertrude Margaret Lowthian Bell

laments, der neben seinen vielen Aktivitäten auch noch eine Chemiefabrik, die *Washington Chemical Works*, gründete. 1854 ließ er Washington Hall errichten, ein imposantes Anwesen, das seiner Familie bis in die 1870er-Jahre als Landsitz diente. Der Tod seiner Frau Margaret im Jahre 1871 bewog ihn, Washington Hall als Schenkung in ein Waisenhaus umzuwandeln, das ihr zu Ehren in »Dame Margarets Home« umbenannt wurde.

Gertrude Bell, ein Multitalent, die sich als Gelehrte, produktive Schriftstellerin, Linguistin, Archäologin und Kartografin der Ruinen von Anatolien und Mesopotamien, Fotografin und Forschungsreisende einen Namen machte, war außerdem Sekretärin des Hochkommissars von Bagdad und Ehrenvorsitzende des Denkmalamtes im Irak, als welche sie den Grundstein für das Irak-Museum in Bagdad legte. Sie spielte nach dem Krieg eine bedeutende Rolle in der politischen Neuordnung der arabischen Staaten im Mittleren Osten und der daraus resultierenden Gründung des neuen Staates Irak. Nebenbei war sie im Ersten Weltkrieg auch noch als Mitarbeiterin des britischen Geheimdienstes tätig und bekam 1917 den *Order of the British Empire* verliehen.

Gertrude Bells wissbegierige Natur zeigte sich bereits in jungen Jahren und ihre Eltern sorgten dafür, dass dieses Bedürfnis befriedigt wurde, unter anderem durch eine erstklassige schulische Ausbildung. Sie besuchte das relativ neue *Queen's College*, die erste akademische Institution, die Frauen zum Studium zuließ. Danach wechselte sie mit 17 an das *Lady Margaret Hall College* der Universität Oxford über. In Oxford offenbarte sich ihr herausragender Intellekt und die Leichtigkeit, mit der sie lernte, denn sie graduierte bereits nach zwei Jahren und schloss als erste Frau in dieser Institution ihr Geschichtsstudium *magna cum laude* ab. Im Anschluss daran reiste sie 1892 nach Persien, um ihren Onkel zu besuchen, Sir Frank Lascelles, einen Diplomaten, der als britischer Botschafter in Teheran tätig war. Diese Reise, die sie in »Persian Pictures« (1894) beschreibt, weckte die lebenslange Faszination, die der Mittlere Osten auf sie ausübte. Das Buch, das bereits auf ihre künftigen wissenschaftlichen Abhandlungen und vielfältigen Interessen hinweist, ist eine Art intellektueller Reisebericht, eine bunte Sammlung ihrer persönlichen Erfahrungen. Er unterstreicht die Unterschiede und Ähnlichkeiten zwischen Christentum und Islam und taucht in die zugrunde liegenden Strömungen ein, die sich um die mythischen historischen Wurzeln des Landes ranken und zur Zeit ihres Aufenthalts einen krassen Gegensatz zum öffentlichen kulturellen Verfall bildeten.

Während der nächsten zehn Jahre tat Gertrude Bell ihrer unerschöpflichen Reiselust und ihrem Interesse an archäologischen Fakten Genüge. In dieser Zeit entwickelte sie außerdem beachtliche Fähigkeiten als Bergsteigerin und nahm im Verlauf ihrer Reisen die Gelegenheit wahr, diverse Fremdsprachen zu lernen, unter anderem Arabisch, Persisch, Deutsch, Französisch, Türkisch und Italienisch. Ende des 19. Jahrhunderts hielt sie sich abermals im Mittleren Osten auf, wo sie einige Zeit in Palästina und Syrien verbrachte, bevor sie 1900 nach Jerusalem aufbrach, um Kontakt mit Angehörigen der Drusen aufzunehmen. Offiziell den muslimischen

Glaubensgemeinschaften zugeordnet, da die Ursprünge auf den Islam zurückgehen, integriert das Drusentum eine Reihe gnostischer, neoplatonischer und diverser anderer philosophischer Elemente. Im Zuge dieser Reise gelangte sie in eine Region, die später Dschebel ad-Duruz (Drusengebirge) genannt wurde und von 1921 bis 1936 ein autonomer Teilstaat der lokalen Drusen war; dort führte sie zahlreiche Gespräche mit dem Drusenherrscher Yahya Bey und legte den Grundstock für eine langfristige enge Beziehung zur Drusengemeinschaft. 1905 begab sie sich auf eine weitere Reise durch den Mittleren Osten, erforschte einige lokale Ruinen und wohnte oft bei Drusen und Angehörigen der Beni Sakhr, einem der vornehmlich muslimischen Beduinenstämme, die in den Wüsten von Syrien und Jordanien ein Nomadenleben führen. Während dieser Zeit vertiefte sie ihre Ortskenntnisse durch persönliche Gespräche mit lokalen Emiren, Scheichs und Stammesführern. In ihrem Buch »The Desert and the Sown«, das 1907 veröffentlicht wurde, schildert sie ihre Reisen durch die syrische Wüste von Jericho nach Antiochien. Ihre faszinierenden Fotografien und Beschreibungen gehörten zu den ersten, die den Bewohnern des Westens Informationen über das Leben in den arabischen Wüsten lieferten.

Kurz danach nahm Gertrude Bell in Begleitung von Sir William M. Ramsey, einem neutestamentlichen Schriftgelehrten und führenden Experten für Altertümer, Topografie und die Geschichte Kleinasiens, an einer Expedition in die Türkei teil. Dort führten die beiden umfangreiche Ausgrabungen durch, die in dem gemeinsam verfassten und 1909 veröffentlichten Buch »A Thousand and One Churches« geschildert werden. Das Werk gilt noch heute als einflussreiche wissenschaftliche Abhandlung, deren Bildmaterial Zeugnis von den frühen postklassischen christlichen und byzantinischen Bauwerken in Anatolien ablegt, von denen viele seit Bells und Ramseys archäologischen Studien verschwunden sind.

1909 zog es Gertrude Bell nach Mesopotamien, in die Ruinenstadt Karkemisch an der türkisch-syrischen Grenze, eine ehemals wichtige Metropole des indo-iranischen Mitanni-Reiches, dem um das Jahr 1360 v. Chr. eine kurze Lebensdauer von etwa 150 Jahren beschieden war. Auch bei den Hethitern kam sie zu Ehren, einem kleinasiatischen Volksstamm, der im 18. Jahrhundert v. Chr. ein Königreich gegründet hatte, das bis 1180 v. Chr. bestand, bevor es sich in eine Reihe unabhängiger Stadtstaaten auflöste, von denen einige bis ins achte Jahrhundert v. Chr. überlebten. In Karkemisch machte Gertrude Bell die Bekanntschaft einiger Archäologen, die vor Ort Grabungen durchführten und zu denen auch Thomas Edward Lawrence gehörte, besser als Lawrence von Arabien bekannt; ihre Wege sollten sich später abermals kreuzen.

Abgesehen von Karkemisch hatte Gertrude Bell vor, die Ruinen des berühmten Abbasiden-Palastes von Ukhaidir zu kartografieren, ungefähr 120 Kilometer südwestlich von Bagdad gelegen und Ende des achten Jahrhunderts von dem Abbasidenkalifen Isa ibn Musa erbaut. Die Abbasiden-Periode war durch ihre Konzentration auf Städteplanung in großem Maßstab gekennzeichnet. Der Palast galt zum Zeitpunkt der Errichtung (774–775) als Wunderwerk der Baukunst, das durch seine neuartigen architektonischen Elemente bestach, vor allem die Anordnung und Gestaltung der Innenhöfe, Wohntrakte und Moscheen, die erheblichen Einfluss auf die künftige Entwicklung der Architektur hatten. Nach Beendigung ihrer archäologischen Vermessungsarbeiten reiste Bell nach Süden, wo sich einst der blühende Stadtstaat Babylon befunden hatte; von dort ging es weiter nach Nadschaf, etwa 240 Kilometer südlich von Bagdad, eine viel besuchte Pilgerstätte, an der sich das Grab des Ali ibn Abi Talib befand, der von den Schiiten als erster Imam verehrt wird.

Bei Ausbruch des Ersten Weltkriegs meldete sich Gertrude Bell unverzüglich für einen Einsatz im Mittleren Osten, doch trotz ihrer Orts- und beträchtlichen Sprachkenntnisse wurde ihre Bewerbung nicht berücksichtigt, sodass sie zunächst als ehrenamtliche Helferin beim Roten Kreuz in

Frankreich landete. Als die Kriegsaktivitäten intensiver wurden, rief man sie schließlich nach Kairo, in das von England neu eingerichtete *Arab Bureau*. Diese kleine Abteilung des militärischen Geheimdienstes wurde von General Gilbert Clayton geleitet, dessen Aufgabe darin bestand, Informationen über die Möglichkeit zu sammeln, eine Revolte der Araber gegen die Türken zu unterstützen. Die von Bell beschafften Informationen gaben Aufschluss über die arabischen Stämme, die den Briten wohlwollend gegenüberstanden, und dienten T.E. Lawrence, der ebenfalls in die Geheimdienst-Operation eingebunden war, als Grundlage für die unschätzbar wertvollen Bündnisse, die er mit den Arabern einging.

Treffen von britischen und arabischen Offiziellen sowie Anführern der Beduinen in Amman, 1921. Zweiter von links: T. E. Lawrence.

Anschließend wurde Gertrude Bell zur *British Mesopotamia Expeditionary Force* versetzt, die ihr Hauptquartier in der soeben eroberten Stadt Basra eingerichtet hatte. Auch hier war sie der einzige weibliche Verbindungsoffizier und ihre Aufgabe bestand darin, Karten der Umgebung anzufertigen, die sie von ihren früheren Expeditionen wie ihre Westentasche kannte. Sie ermöglichten den britischen Truppen eine sichere Marschroute und letztlich die Einnahme von Bagdad. Bell wurde daraufhin nach Bagdad versetzt und für ihre Verdienste mit dem Titel »Orientsekretärin« des Britischen Hochkommissariats im Irak ausgezeichnet. Als weitere Anerkennung ihres Status wurde sie von dem neu gewählten Kolonialminister Winston Churchill 1921 zu einer Konferenz der Spitzenexperten für den Mittleren Osten in Ägypten eingeladen, bei der es unter anderem um die Zukunft Mesopotamiens ging. Unter den 40 handverlesenen Teilnehmern war sie die einzige Frau.

Gertrude Bells Analyse trug maßgeblich dazu bei, die Grenzen des modernen Irak festzulegen und die Haschemiten-Dynastie unter Faisal I. zu etablieren, der am 23. August 1921 zum König gekrönt wurde. Gleich zu

Beginn der Machtübernahme stand sie dem neuen Staatsoberhaupt mit Rat und Tat zur Seite, indem sie den Kontakt mit den verschiedenen irakischen Stammesführern herstellte, und Faisal revanchierte sich durch seine Unterstützung bei der Gründung des Archäologischen Museums in Bagdad und ihre Ernennung zur Leiterin des irakischen Denkmalamtes. Das Museum, das 1926 eröffnet wurde, war gemessen an den damaligen Gepflogenheiten ungewöhnlich: Archäologische Funde von Europäern und anderen Ausländern blieben im Irak, statt in das Heimatland des Ausgräbers ausgeführt zu werden.
Kurz vor der Eröffnung des Museums war Gertrude Bell nach England zurückgekehrt, wo sie sich familiären Schwierigkeiten – einem schwindenden Vermögen infolge der Wirtschaftskrise nach dem Ersten Weltkrieg und vielen weiteren Problemen – gegenübersah. Gesundheitlich angeschlagen, traf sie wieder in Bagdad ein, wo sie im Juli 1926 an einer Überdosis Schlaftabletten starb. Einen Teil ihres Geldes vermachte sie dem *British Archaeological Institute* im Irak, doch ihr größtes, Generationen überdauerndes Vermächtnis war die Fülle von Briefen, Reisejournalen und Fotografien, unschätzbar wertvolle Aufzeichnungen von archäologischen Fundstätten, die heute weitgehend vom Erdboden verschwunden sind.

Mary Kingsley

Mary Kingsley (1862–1900) wurde in Islington, England, geboren. Schon früh half sie ihrem Vater dabei, Bücher über seine exotischen Reisen zu schreiben, die er als Leibarzt im Dienst des Earl of Pembroke unternahm. Trotz ihrer Unterstützung und des offenkundig brennenden Interesses an den Berichten über ferne Länder zog es ihr Vater nie in Betracht, seine

Mary Kingsley 1896

Tochter mitzunehmen. Stattdessen musste sie zu Hause bleiben und sich um ihre bettlägerige Mutter kümmern. Ihre schulischen Leistungen ließen zu wünschen übrig, und um sich die Zeit zu vertreiben und ihre intellektuelle Neugierde zu befriedigen, machte Mary Kingsley es sich zur Gewohnheit, in der umfangreichen Bibliothek ihres Vaters zu stöbern, die zahlreiche Reiseberichte enthielt. Sie entfachten ihr Interesse an Orten, die jenseits der englischen Grenzen lagen, noch zusätzlich. 1892 erlag ihr Vater, der sich im Verlauf einer seiner Expeditionen das »rheumatische Fieber« zugezogen hatte, eine Infektionskrankheit, von der Haut, Herz, Gelenke und Gehirn betroffen sind, seinem Leiden. Wenige Wochen nach ihm starb ihre seit Langem kranke Mutter.

Von der Bürde und den Einschränkungen der Pflege befreit, beschloss Mary Kingsley bald darauf, ihre Eigenständigkeit zu nutzen, um sich einen lang gehegten Traum zu erfüllen; unterstützt wurde sie dabei durch ein großzügiges Gehalt von 500 Pfund. Mit dem Vorsatz, Informationen aus erster Hand zu sammeln, die sie für die Beendigung eines von ihrem

Vater begonnenen Buches über die afrikanische Kultur brauchte, fuhr sie 1893 nach Angola. Vor ihrer Abreise verpflichtete sie sich außerdem, Exemplare verschiedener Fischarten für das *British Museum* zu beschaffen. In Angola lebte sie mit der einheimischen Bevölkerung, von der sie den Fischfang mit Netzen aus Ananasfasern lernte. Als sie diese Kunst zu ihrer Zufriedenheit beherrschte, drang sie in das Herz der Mangrovensümpfe vor, wo sie zahlreiche ungewöhnliche Fischvarietäten sammelte. Diese Exkursionen in die Wildnis verliefen nicht ohne Aufregung: Einmal entkam sie nur mit knapper Not dem Angriff eines Krokodils, ein anderes Mal wurde sie von einem Wirbelsturm überrascht.

Trotz solcher Zwischenfälle und ihres jahrelangen Lebens in behüteter Abgeschiedenheit fand Mary offenbar Geschmack am Abenteuer. 1894/1895 reiste sie erneut nach Afrika, dieses Mal, um die Fang-Stämme zu studieren, die dem Vernehmen nach Kannibalen waren. Ihre Expedition schloss eine gefahrvolle Fahrt auf dem Ogowe-Fluss ein, wo sie exotische Fische fangen wollte und ihr Kanu in den Stromschnellen mehrfach kenterte. Nach ihrer unheilvollen Begegnung mit dem Krokodil hatte sie allerdings gelernt, sich vorsichtig durch Sümpfe und dichte Wälder zu bewegen, die ein Eldorado für Skorpione und Giftschlangen darstellten. Bevor sie Afrika verließ, setzte sie ihrem Unternehmen die Krone auf und bezwang den höchsten Berg Westafrikas, den über 4000 Meter hohen Mount Cameroon, wobei sie über einen Hang zum Gipfel gelangte, der noch nie von einem Europäer erklommen worden war.

Bei ihrer Rückkehr nach England wurde Mary Kingsley in Liverpool von einer Meute Journalisten in Empfang genommen, die Wind von ihren Exkursionen bekommen hatten und begierig waren, mehr darüber zu erfahren. Die Einstellung zu Afrika, die sie mit nach Hause brachte, war für die damalige Zeit reichlich unkonventionell und sorgte für Zündstoff. Sie befürwortete afrikanische Sitten und Gebräuche wie die Polygamie, ein Thema, das in der britischen Bevölkerung einen Sturm der Entrüstung entfachte. Außerdem machte sie keinen Hehl aus ihrer Abneigung gegen die Missionare, die es darauf abgesehen hatten, dieses und jedes andere Merkmal der afrikanischen Kultur auszumerzen, das in der westlichen Welt als Ärgernis galt und den Zorn der *Church of England* heraufbeschwor. Trotz des schlechten Rufs, der ihr infolgedessen voraneilte, wurde Kingsleys Buch »Travels in West Africa« ein Bestseller und sie reiste mehrere Jahre durch England, um Vorträge über afrikanische Lebenswelten und ihre Erfahrungen zu halten. Bei Ausbruch des Krieges zwischen Großbritannien und verschiedenen Burenrepubliken meldete sie sich freiwillig als Krankenschwester und trat in der südafrikanischen Stadt Simon's Town ihren Dienst an. Dort endeten ihre abenteuerlichen Reisen, als sie 1900 an Typhus starb.

Isabelle Eberhardt

Isabelle Eberhardt

Eine schillernde Persönlichkeit war auch die Schweizer Reiseschriftstellerin und Weltenbummlerin Isabelle Eberhardt (1877–1904). Sie starb noch vor Erreichen ihres 30. Lebensjahres, doch die kurze ihr zugedachte Zeit war reich an Abenteuern.
Eberhardt wurde in Genf geboren; ihre Mutter war Nathalie de Moërder, geborene Eberhardt, eine deutsche Lutheranerin adeliger Herkunft, und ihr Vater ein Russe namens Alexander Trofimowski, ein ehemaliger Priester, der zum Islam übergetreten war und sich vornehmlich als politischer Aktivist betätigte. Obwohl ihre Eltern nicht verheiratet waren und Isabelle Eberhardt folglich als unehelich galt, erhielt sie eine gründliche Ausbildung und beherrschte mehrere Sprachen fließend, unter anderem Arabisch. Dieser Umstand sollte ihr zugute kommen, als sie 1897 mit ihrer Mutter nach Nordafrika reiste, wo beide zum Islam übertraten.

Nicht lange danach starb die Mutter überraschend und Isabelle Eberhardt ließ sie unter dem Namen »Fatma Mannoubia« bestatten. Von Afrika fasziniert, ließ sie sich in Nordalgerien nieder. Sie erlag dem Zauber der Wüste und drang tief in diese unwegsamen Regionen vor. Da sie der arabischen Sprache mächtig war und in der landestypischen Männerkleidung reiste, genoss sie größere Freiheiten, als Frauen damals gestattet waren, einschließlich der Aufnahme in eine lokale Stammesgemeinschaft unter dem Namen »Si Mahmoud Essadi«. Die Anpassung an die arabische Kultur war so perfekt, dass sie sogar Zugang zur Qadiri erhielt, einer rein männlichen Sufi-Geheimgesellschaft, gegründet von dem als Heiliger des Islam verehrten Scheich Abdul Qadir Gilani, der für seine Frömmigkeit, Demut und Sanftheit bekannt war; er wurde 1077 in Persien geboren und galt als Nachfahre des Propheten Mohammed. Isabelle Eberhardt arbeitete mit dieser Gruppe zusammen, um die Lebensbedingungen der Armen zu verbessern und gegen die Tyrannei der französischen Kolonialherrschaft zu kämpfen.

Araber in Algier, Algerien, 1899.

Von Eberhardts Reiseberichten erschienen viele in Tageszeitungen und Büchern. In dieser abenteuerreichen Zeit lernte sie den algerischen Soldaten Slimène Ehnni kennen, den sie 1901 heiratete. Drei Jahre später kam sie in Aïn Sefra, Algerien, ums Leben. Sie hatte auf ihren Mann gewartet, den sie seit geraumer Zeit nicht mehr gesehen hatte, und für diesen Anlass eine Lehmhütte an einem Wadi gemietet. Als der Fluss nach einem Wolkenbruch über die Ufer trat und einen großen Teil der Stadt zerstörte, wurde die Behausung von der Flutwelle fortgerissen. Ihre detaillierten Reisebeschreibungen wurden gefunden und nach ihrem Tod in mehreren Büchern veröffentlicht.

Annie Smith Peck

Eine Bergsteigerin besonderen Formats war Annie Smith Peck (1850–1935). Sie wurde in Providence, Rhode Island, als jüngstes von fünf Kindern geboren; ihr Vater war ein vielseitig gebildeter Rechtsanwalt und erfolgreicher Unternehmer. Sie besuchte *Dr. Stockbridge's School for Young Ladies*, ein Mädchenpensionat in Providence; es ist allerdings unwahrscheinlich, dass die Bildungsziele dieser Lehranstalt für Töchter aus gutem Hause auch nur ansatzweise den hochfliegenden Zukunftsplänen der jungen Annie Smith Peck entsprachen. Die Frauen hatten in der damaligen Zeit wenig Chancen, ein höheres Bildungsniveau anzustreben, doch sie ließ sich nicht entmutigen. Wie die Berge, deren Gipfel sie später stürmte, nahm Annie Smith Peck ihr Ziel beherzt in Angriff und schloss an der *University of Michigan*, kurz nachdem Frauen zugelassen worden waren, binnen kürzester ihr Archäologiestudium mit Auszeichnung ab. Danach erwarb sie den Master-Grad und erhielt eine Professur, womit sie eine der ersten Amerikanerinnen war, die diesen Status erreichten.

Trotz ihrer steilen akademischen Laufbahn übten die Berge die größte Faszination auf Annie Smith Peck aus und im

Dieses Bild der Bergsteigerin Annie Smith Peck hängt heute in der Damentoilette des *Explorers Club.*

Nevado Huascarán Norte und Sur.

Alter von 44 Jahren gab sie ihre Position als Lateinprofessorin am *Smith College* auf, um Vollzeit-Bergsteigerin zu werden – für Frauen damals eine noch ausgefallenere Tätigkeit als die einer Hochschuldozentin. Sie hatte großartige Erfolge zu verzeichnen; unter anderem war sie die dritte Frau, die das Schweizer Matterhorn erklomm, und die erste, die dies in Hosen tat statt in den langen hinderlichen Röcken der damaligen Zeit. Mit 58 Jahren nahm sie den etwa 6700 Meter hohen Huascarán in Peru in Angriff, den sie am 2. September 1908 bezwang, das einzige Mal, dass eine Frau ihren männlichen Bergsteiger-Kollegen zuvorkam. Peck brauchte vier Jahre und fünf Versuche, bevor sie den Gipfel des Huascarán erreichte, der vor der Entwicklung besserer und genauerer Messinstrumente als der höchste Berg der westlichen Hemisphäre galt. Der letzte Berg, den sie im Alter von 82 Jahren erklomm, war der ca. 1600 Meter hohe Mount Madison im US-Bundesstaat New Hampshire.

Reisegarderobe

Ende des 19. Jahrhunderts sahen sich Frauen, die forschen und auf Entdeckungsreise gehen wollten, mit einer Vielzahl von Problemen konfrontiert. Die Gesellschaft fand solche Unternehmungen »unschicklich« und so galt es, neben den Anstrengungen, die die Expeditionen mit sich brachten, auch noch beträchtliche soziale Hürden zu überwinden: Frauen mit »Bildung« konnte man die Härten einer Expedition nicht zumuten und folglich gab es kaum weibliche Kleidung oder Ausrüstung für solche Aktivitäten. Der allgemeine Mangel an frauenspezifischer Expeditionsausrüstung war ein Ärgernis, insbesondere in tropischen Gefilden oder bei Bergtouren, da lange Hosen auf Missbilligung stießen und das Erklimmen eines Gipfels in langen Röcken eine lästige und gefahrvolle Option darstellte. Viele Forscherinnen und Entdeckerinnen sahen sich gezwungen, das Problem in aller Heimlichkeit zu lösen oder kurzfristig sogar eine männliche Identität anzunehmen, um nicht als Frau in Männerkleidung erwischt zu werden und einen Skandal zu verursachen.

Lady Florence Baker (siehe S. 59), deren gesellschaftlicher Stand schon schwer genug war, achtete darauf, wenigstens konventionelle Frauenkleidung zu tragen, wenn die Gefahr bestand, Europäern zu begegnen; doch kaum waren sie außer Sichtweite, schlüpfte sie wieder in die kühlen und bequemen weiten Hosen und Hemden, die sie mit geschickter Hand für sich und ihren Begleiter nähte. Auch Annie Smith Peck (siehe S. 75) entwarf ihre eigene Garderobe, einschließlich Hosen, statt sich den modischen Gepflogenheiten der damaligen Zeit zu beugen, die beim Bergsteigen lästig waren und ein Sicherheitsrisiko darstellten. Infolge ihrer Geschicklichkeit und Findigkeit als Schneiderin, die nur noch durch ihre sportlichen Erfolge überboten wurden, stattete man damals sogar die Singer-Nähmaschinen mit ihrem Konterfei aus. Heute kann man in den Räumlichkeiten des *Explorers Club*, die ehemals vom Erben des Singer-Nähmaschinen-Konzerns bewohnt wurden, ein handsigniertes Bild dieser unerschrockenen Alpinistin in Hosen und mit einem unter dem Kinn gebundenen breitkrempigen Hut bewundern – aber nur, wenn man weiblichen Geschlechts ist, denn das Foto befindet sich auf der Damentoilette. Obwohl viele moderne Entdeckerinnen in Hosen an ihrem Porträt vorübergegangen sind, haben sich vermutlich nur wenige die Zeit genommen, über die mühevolle Kleinarbeit dieser Frau und anderer Wegbereiterinnen der Emanzipation nachzudenken, denen wir grundlegende, heute als selbstverständlich geltende weibliche Errungenschaften verdanken.

Eine weitere Hosenträgerin war Kate Marsden (siehe S. 61); sie schilderte in ihrem Buch die Härten ihrer Reise, die sie Tausende von Kilometern durch das unwegsame Gelände Sibiriens führte, auf dem Rücken von Pferden, die nicht zugeritten waren, durch dichte Wälder, in deren Unterholz wilde Tiere lauerten und wo sie abwechselnd über zerklüftete Felsen und Wurzeln stolperte oder durch Schlamm watete. Unter diesen Umständen war es unmöglich, in Frauenkleidung zu reisen, zumal in den damals modischen langen, bauschigen Röcken, die im Damensattel extrem hinderlich waren. Deshalb saß sie rittlings im Männersattel, eine Haltung, die eine bessere Balance und mehr Kontrolle über die untrainierten Pferde bot, die oft zu lebensgefährlichen Kapriolen neigten. Sie entwarf außerdem eine Reisekluft, die ziemlich eigenwillig, aber praktischer war als Frauenkleidung. Sie bestand aus einem Sonnenhut mit breiter

Krempe, umhüllt von einem Netz, das Mücken und andere Insekten fernhielt, einer langärmeligen Jacke mit einem Abzeichen des Roten Kreuzes, langen weiten Hosen und hohen Stiefeln, deren Schaft bis über die Knie reichte, als Schutz vor Morast, Dornen und Gestrüpp jedweder Art.
Mary Kingsley (siehe S. 70) hatte sich angewöhnt, die langen Hosen ihres Bruders unter dem Rock zu tragen, nicht etwa aus Angst, gegen die Schicklichkeit zu verstoßen, sondern weil sie die Kombination bei ihren Forschungsaktivitäten effektiv und praktisch fand. In Westafrika war es offenbar mancherorts Brauch, auf spitz zulaufenden Ebenholzpfählen Platz zu nehmen, und Kingsley fand dieses Sitzarrangement erträglicher, wenn das üppige Material der damals modischen Röcke als Polster diente. Außerdem leistete die englische Kleidung ihr gute Dienste, als sie mit dem afrikanischen Stamm der Fang in Berührung kam, die Kannibalen waren. Sie bestanden auf einem Tauschhandel, bei dem sie Elfenbein und Gummi feilboten. Obwohl nicht an ihren Waren interessiert, erkannte Mary Kingsley rasch, dass es aus Gründen der Selbsterhaltung besser war, auf die Forderungen einzugehen. Dummerweise waren ihr zu diesem Zeitpunkt der Reise die Produkte ausgegangen, die sie ausschließlich zum Zweck des Handels mit den Eingeborenen mitgebracht hatte, und deshalb bot sie ihre Kleidung als Tauschgut an. Allem Anschein nach wurde sie ein Renner, obwohl Stammeskrieger, die in Frauenblusen einherstolzierten und sonst nur noch Farbe und ein Büschel Tierschwänze auf dem Leibe trugen, rein ästhetisch ein zweifelhaftes Bild abgaben, wie sie in ihren späteren Reisebeschreibungen gestand. Sie räumte jedoch ein, dass den Strümpfen bei ihnen eine längere Lebensdauer beschieden war, weil sie nicht

paarweise, sondern einzeln als Kopfputz Verwendung fanden, wobei der Teil, der normalerweise die Beine umschloss, eine Schleppe bildete.

Auch die Mitte des 19. Jahrhunderts lebende Bergsteigerin Mrs. Henry Warwick Cole zeigte sich in der Kleiderfrage erfinderisch. Sie ermutigte ihre Leidensgenossinnen beispielsweise, Ringe an den Rocksäumen zu befestigen, durch die man eine dünne Schnur fädelte; ein scharfer Ruck und schon wurden die Röcke bei Bedarf blitzschnell gerafft und hochgezogen. Mrs. Cole empfahl außerdem einen breitkrempigen Hut, der praktischer war und einen besseren Schutz bot als ein Sonnenschirm, vor allem beim Klettern in großer Höhe.

Die britische Bergsteiger-Pionierin Elizabeth Hawkins-Whitshed (1860–1934), die der britischen Oberschicht angehörte, 20 Erstbesteigungen verbuchen konnte und die erste Präsidentin des *Ladies' Alpine Club* war, begann ihre Touren oft in Röcken; allerdings wechselte sie zu männlichen Beinkleidern über, wenn sie eine Höhe erreicht hatte, in der sie sicher sein konnte, niemandem zu begegnen, der den Anblick einer Bergsteigerin unziemlich gefunden hätte, ganz zu schweigen von einer Gipfelstürmerin in Männerhosen.

Ruth Harkness

Ruth Harkness (1900–1947), eine unabhängige, wohlhabende Society-Lady, scherte sich wenig um die öffentliche Meinung hinsichtlich Kleiderordnung und Moral, vor allem, weil sie in der Mode selbst den Ton an-

Ruth Harkness mit Panda Su-Lin.

gab. Ihr gelang es, die verkrusteten Muster der Etikette für abenteuerlustige Frauen aufzubrechen, obgleich es höchst unwahrscheinlich ist, dass dies ihre Absicht war. Vor ihrer Heirat im Jahr 1934 mit dem begüterten Globetrotter William (Bill) Harkness deutete nur wenig im Leben der Amerikanerin darauf hin, dass sie einen Forschergeist besaß, der über das Abenteuer einer Tour durch die Cocktailbars im schnelllebigen Manhattan der 1930er-Jahre hinausging. Als »Modemacherin« und Society-Expertin schien ihr natürlicher Lebensraum der Asphaltdschungel von New York und weniger die eisigen Bergregionen an der entlegenen chinesisch-tibetischen Grenze zu sein.

Nicht lange nach der Hochzeit hatte sich Bill Harkness auf eine Expedition nach China begeben und folgte den Spuren des Großen Panda, der seit seiner Entdeckung im Jahre 1869 das Interesse des Westens fesselte und in der Bevölkerung nahezu ein Mythos geworden war. Seit die ersten Beschreibungen dieser Spezies im Westen aufgetaucht waren, hatten zahlreiche Expeditionen stattgefunden, um das scheue Tier ausfindig zu machen, das als Trophäe ersten Ranges galt, doch alle waren mit leeren Händen zurückgekehrt. Zwischen den »Herren Abenteurern« der damaligen Zeit war ein erbitterter Wettstreit ausgebrochen, wer den Mut und die Entschlossenheit besaß, ein lebendes Exemplar des legendären Pandabären in den unbekannten, Menschen unzugänglichen Regionen zu fangen. Bill Harkness hatte bereits Übung in diesem Bereich und für den Bronx Zoo in New York einige Exemplare der Komodowarane in Niederländisch-Ostindien besorgt; nun war er fest entschlossen, den ersten lebenden Pandabären mitzubringen. Doch als er China erreichte, verzögerte sich die Expedition und Bill Harkness starb 1936 in Shanghai an Kehlkopfkrebs. Der vorzeitige Tod ihres Mannes löste einen Wandel in der partysüchtigen Ruth Harkness aus: Sie tauschte ihren luxuriösen Lebensstil und ihre chicen Nachmittagskleider gegen maßgeschneiderte Reithosen und die Urwüchsigkeit der abgeschiedenen chinesischen Provinzen.

Am 17. April 1936 legte ihr Schiff in New York City ab; aus diesem Anlass veranstaltete sie für zahlreiche Freunde aus der guten Gesellschaft ein Abschiedsbankett in ihrer Kabine. Die Feier hätte eher zu einer Vergnügungsreise auf eine tropische Insel statt zu einer Expedition gepasst, die einen wissenschaftlichen Anspruch besaß. In Shanghai angekommen, damals ein Eldorado für anrüchige Neigungen hinter dem Schleier oberflächlicher Eleganz, in dem Opium, Sex und Waffen für jedermann frei zugänglich waren, tat sie sich mit Quentin Young zusammen, einem jungen chinesisch-amerikanischen College-Studenten und Teilzeit-Forscher, um eine Route für die geplante Expedition auszuarbeiten. Ende September 1936 begaben sich die beiden in Begleitung einer ganzen Batterie von Hilfskräften auf dem Whangpu in Shanghai an Bord eines Flussdampfers und fuhren dann 2400 Kilometer den Jangtse entlang; danach folgte ein Fußmarsch durch die Wildnis in Richtung Chongqing und von dort nach Chengdu, wobei sie tückische, oft in dichten Nebel gehüllte Bergregionen passierten, um in das Hochland zu beiden Seiten der chinesisch-tibetischen Grenze zu gelangen. Im Verlauf der Expedition kamen sich Harkness und Young vermutlich näher, was vielleicht half, die beschwerlichen Tagestouren von bis zu 45 Kilometern zu bewältigen, bei Temperaturen von an die 38 Grad Celsius.

Um sich die anstrengende Reise zu erleichtern, übernahm Ruth Harkness etliche chinesische Sitten und Gebräuche: Sie aß mit Stäbchen, trug Bambussandalen und machte ihrem chinesischen Namen »Ha Kan Sse« alle Ehre, der sich ähnlich wie Harkness anhörte und »Klang des Lachens, Tapferkeit, Gedanke« bedeutete. Der Weg führte immer tiefer in das gefährliche, unkartografierte Terrain des chinesisch-tibetischen Hochlands. Auf dem »Berg der Unsterblichen«, wie die Einheimischen ihn nannten, war der Nebel so dicht, dass man kaum die Hand vor Augen sah, und die Vegetation war infolge der schneidenden Kälte und Feuchtigkeit dicht und schlüpfrig, sodass sie zeitweilig nur auf allen vieren vorwärtskamen.

In dieser Region vernahm Young am 9. November, wenige Tage, nachdem sie ihre Zelte aufgeschlagen hatten, ein leises Wimmern in einem alten verrotteten Baumstumpf und entdeckte, dass es sich um einen »Beishung« handelte, wie die chinesische Bezeichnung lautete, einen Pandabären, der gerade mal neun Wochen alt war.
Das Pandajunge überlebte die Heimfahrt mithilfe von Babynahrung, die ihm mit der Flasche verabreicht wurde. In weiser Voraussicht hatte Ruth Harkness Babyflaschen als Teil der Expeditionsausrüstung mitgenommen, für den Fall, dass man einen jungen Pandabären fing. Diese Idee erwies sich als entscheidend für den Erfolg der Mission, da Pandabären eine biologische Anomalie darstellen: Ihr Verdauungsprozess gleicht dem eines Fleischfressers, doch sie haben die Ernährungsgewohnheiten eines Pflanzenfressers und brauchen ständig Nahrung, um bei Kräften zu bleiben. Das Junge wurde rund um die Uhr mit einer Mischung aus Baby-Milchpulver, Lebertran und Sirup gefüttert, bis zur Ankunft in Shanghai. Dort gelang es Ruth Harkness dank einflussreicher Freunde, die Zollbestimmungen zu umgehen und an Bord eines Ozeandampfers die Heimreise nach San Francisco anzutreten, mit einer offiziellen Bestätigung, dass sie »einen Hund« im Wert von 20 000 Dollar mit sich führe. Am 18. Dezember 1936 kehrte Ruth Harkness mit einem Pandajungen im Arm zurück, den sie auf den Namen Su-Lin getauft hatte, nach einem Verwandten ihres Reisebegleiters Young. Ihre Ankunft verursachte einen unglaublichen Pressewirbel um den »seltensten Vierfüßler der Welt«, wie die Zeitungen schrieben. Doch trotz des begeisterten Empfangs waren weder Harkness noch dem Panda ein glücklicher Ausgang des Abenteuers beschieden: Su-Lin wurde von verschiedenen Zoologischen Gärten wegen seiner krummen Beine als minderwertiges Exemplar abgelehnt, in Unkenntnis der Tatsache, dass es sich dabei um ein artspezifisches Merkmal der Pandabären handelt, und landete schließlich in Chicago, wo er mehr Aufmerksamkeit erregte als jedes andere Tier in der

Geschichte des Brookfield-Zoos. Dort starb der Große Panda jedoch ein Jahr später. Bei Harkness scheint die Erfahrung in China einen Funken entfacht zu haben, den sie trotz vieler nachfolgender Expeditionen in China und anderen Ländern nie mehr ganz zum Leben zu erwecken vermochte. Sie starb knapp zehn Jahre nach ihrer triumphalen Rückkehr in die USA mit Su-Lin allein in einem Hotel in Pennsylvania, höchstwahrscheinlich an den Folgen von Alkoholismus.

E
ESE
SE
SSE

Moderne Zeiten: Frauen erobern eine Männerdomäne

»Ladies' Night« im *Explorers Club*

Da Frauen mit Beginn des 20. Jahrhunderts immer häufiger an Forschungsaktivitäten beteiligt waren, wurde es für die Männerwelt zunehmend schwieriger, ihre zahlreichen wichtigen Beiträge auf dem Gebiet der Entdeckungen zu ignorieren.

Der erste weibliche Ehrengast des *Explorers Club* war die renommierte englische Reiseschriftstellerin Ethel Brilliana Tweedie, die auch unter dem Namen Mrs. Alec Tweedie (1861–1940) bekannt war. Als eine der ersten Frauen, die professionell über ihre Reiseerlebnisse berichteten, stammte Tweedie aus einer Familie mit beträchtlichem Vermögen, das sich infolge ihrer Heirat noch mehrte. Nach dem Tod ihres Mannes verschlechterte sich ihre finanzielle Situation jedoch erheblich, und da sie zwei Söhne durchbringen musste, beschloss sie, ihr Einkommen als Reiseschriftstellerin aufzubessern. Dabei entwickelte sie eine erfolgreiche Strategie, die dem damaligen Zeitgeist Rechnung trug. Sie reiste nur an Orte, die als exotisch, aber nicht als gefährlich galten, denn dort wäre ein Verhalten erforderlich gewesen, das bei einer Frau unschicklich oder kompromittierend gewirkt hätte. Folglich war sie eine Kandidatin ohne Fehl und Tadel, als man sie am 22. Dezember 1912 in den heiligen Hallen des *Explorers Club* willkommen hieß. Niemals ihren Status als formvollendete Dame gefährdend, gelang es ihr, einen wohldosierten Hauch von Abenteuer zu präsentieren, der die Fantasie ihres Publikums beflügelte – in erster Linie Möchtegern-Globetrotter weiblichen Geschlechts –, ohne den erhobenen Zeigefinger herauszufordern. Ihre zahlreichen Bücher mit handfesten Empfehlungen für Frauen und junge Mädchen waren Vorläufer der heutigen Ratgeber-Literatur und entpuppten sich allesamt als Renner. In dem Bemühen, die Leistungen der Entdeckerinnen zu würdigen, ohne den Status einer reinen Männergesellschaft anzutasten, führte der *Explorers Club* ein paar Jahre später die sogenannte »Ladies' Night« ein, ein halbjährlich anberaumter Abend, an dem Frauen der Zutritt gestattet war und sie als Ehrengast bei einem Empfang fungieren durften. Die erste »Ladies' Night« fand 1914 statt, als Fay-Cooper Cole zusammen mit seiner Frau einen Vortrag im *Explorers Club* hielt. Cole war eine Autorität auf dem Gebiet der Anthropologie, die er als separates Studienfach, getrennt von der Soziologie, an der *University of Chicago* eingeführt hatte.

Die Schwierigkeiten, denen sich Forscherinnen und Entdeckerinnen gegenübersahen, spiegelten sich jedoch im Ablauf solcher Abende genau wider. Sie galten als Sonderveranstaltung, nicht zuletzt, weil man dem weiblichen Ehrengast gewöhnlich nur das »letzte Wort« zubilligte, was viel über die Wertschätzung ihrer Leistungen aussagt. Ob die derart ausgezeichneten Frauen überhaupt zur Kenntnis genommen wurden, war ohnehin fraglich. So hatte der Pandabären-Ruhm von Ruth Harkness die Fantasie der Öffentlichkeit zwar derart gefesselt, dass sie als erste Frau eingeladen wurde, am rein männlichen Bankett des *Explorers Club* teilzunehmen, über das Präsident Lowell Thomas den Vorsitz führte. Auf der Einladung für den Abend war jedoch der Panda Su-Lin statt Ruth Harkness als Ehrengast genannt. Es überrascht daher wohl nicht, dass sich nur wenige Frauen bereit erklärten, sich für Funktionen solcher Art zur Verfügung zu stellen, wie es in einem 1909 erschienenen Artikel der *New York Times* hieß.

Die *Society of Women Geographers*

Die Entdeckerinnen der damaligen Epoche besaßen echten Pioniergeist und gingen ihren eigenen Weg, indem sie die *Society of Women Geographers* gründeten. Einige Jahre hielten sie ihre Zusammenkünfte sogar in der Höhle des Löwen ab, in den Räumlichkeiten des *Explorers Club*. 1925 von vier beeindruckenden Frauen gegründet, hatte sich die Gesellschaft zum Ziel gesetzt, Frauen zu ermutigen, sich mit Geografie, Geologie und anderen verwandten Forschungsbereichen zu befassen, sich regelmäßig zu einem Wissens- und Erfahrungsaustausch zu treffen und sich gegenseitig zu unterstützen. Frustriert darüber, dass ihnen der Zugang zu den ausschließlich Männern offen stehenden Organisationen verwehrt wurde, knüpften sie ein eigenes Netzwerk. Diese Strategie der *Society of Women Geographers* machte deutlich, dass es Forscherinnen und Entdeckerinnen gab, die von den Herausforderungen und Geheimnissen einer unbekannten und unkartografierten Welt fasziniert waren und im abenteuerreichen Umfeld von Dschungel, Wüste, Meer und Himmel ebenso »ihren Mann standen« wie ihre männlichen Kollegen.

Zu den Gründerinnen der *Society of Women Geographers* gehörte die Amerikanerin Marguerite Harrison (1879–1967), eine Reporterin, Filmemacherin und Agentin im Ersten Weltkrieg. Bei Ausbruch des Krieges hatte sie als Journalistin das Bedürfnis, vor Ort über die Ereignisse in Europa zu berichten. Da es Frauen nicht gestattet war, als Kriegsberichterstatter zu arbeiten, ergriff sie die Gelegenheit, sich als Mitarbeiterin des Geheimdienstes Zugang zum Kriegsschauplatz Europa zu verschaffen. Es gelang ihr, beim Chef des militärischen Geheimdienstes, dem US-Armeegeneral Marlborough Churchill, vorstellig zu werden, und dank ihrer privilegierten Herkunft und Erziehung, die mehrere Europareisen einschlossen, wurde ihre Bewerbung angenommen.

Die Zweite im Bunde war die amerikanische Roman- und Reiseschriftstellerin Blair Niles (1880–1959), die erste Frau des bekannten Ozeanografen und *Explorers-Club*-Mitglieds William Beebe. Sie wurde dadurch bekannt, dass sie bei indigenen Stämmen in verschiedenen Regionen der Welt lebte, ihre kulturelle Entwicklung und Legenden aufzeichnete und ihre Sitten und Gebräuche in einen historischen Kontext stellte.

Die letzten Damen des Gründerinnen-Quartetts waren Gertrude Mathews Shelby (1881–1937), ebenfalls eine Schriftstellerin von Rang und Namen, und Gertrude Emersen Sen (1893–1982), eine der ersten Asien-Expertinnen des 20. Jahrhunderts. Nach einem längeren Aufenthalt in Japan kehrte sie in die USA zurück und wurde Herausgeberin eines Asien-Magazins. Einige Jahre bevor sie Gründungsmitglied der *Society of Women Geographers* wurde, hatte sie eine Forschungsreise rund um die Welt unternommen. Sie heiratete schließlich einen Inder namens Basiswar Sen, lebte mit ihm in einem Dorf im Nordosten Indiens und schrieb später über ihre Liebe zur indischen Kultur.

Harriet Chalmers Adams mit einem Lama im Zoo, 1912.

Die erste Vorsitzende der *Society of Women Geographers* war die Forschungsreisende, Schriftstellerin und Fotografin Harriet Chalmers Adams (1875–1937), die 1925 direkt nach der Gründung der Gesellschaft ernannt wurde und das Amt acht Jahre lang innehatte. Sie war eine besonders unerschrockene Frau, die sich in die entlegensten Winkel der Erde vorwagte und von der *New York Times* als bedeutendste Globetrotterin Amerikas gefeiert wurde; Schätzungen zufolge hatte sie, als sie im Alter von 62 Jahren in der französischen Stadt Nizza starb, im Zuge ihrer ausgedehnten Reisen mehr als 250 000 Kilometer zurückgelegt. Sie schrieb regelmäßig Beiträge für *National Geographic* und besuchte Anfang des 20. Jahrhunderts Südamerika, Asien und die Inselwelt im Südwesten des Pazifischen Ozeans. Ihre erste bedeutende Expedition begann 1904 und dauerte drei Jahre. In dieser Zeit reiste sie mit ihrem Mann Franklin Adams durch Südamerika und durchquerte die Anden zu Pferde. Es heißt, dass sie dabei in 20 Regionen gelangte, in die noch nie eine weiße Frau vorgedrungen war. Sie war außerdem eine hervorragende Referentin, die ihre Zuhörer mit ihren Reiseberichten zu fesseln verstand. Obwohl sie in der Zeit von 1907 bis 1935 mehr als 20 Artikel für die *National Geographic Society* schrieb und ihre Abenteuer mit zahlreichen Fotografien belegte, wurde ihr als Frau eine volle Mitgliedschaft vorenthalten; diese Diskriminierung war mit Sicherheit eines der Motive für ihre Beteiligung an der Gründung der *Society of Women Geographers.*

Die ersten Mitglieder der Organisation trugen dazu bei, die Rahmenbedingungen der Explorationsaktivitäten festzulegen. Zu ihnen gehörten auch die Menschenrechtsaktivistin und Diplomatin Eleanor Roosevelt (1884–1962), die Historikerin Mary Ritter Beard (1876–1958), die Fotografin Margaret Bourke-White (1904–1971), die Bergsteigerin Annie Smith Peck (siehe S. 75), Margaret Mead (siehe S. 103), eine der Begründerinnen der modernen Anthropologie, die eine sexuelle Revolution entfachte und 1942 mit der Goldmedaille der Gesellschaft geehrt wurde, und Amelia Earhart (siehe unten), eine der bekanntesten Flugpionierinnen der damaligen Zeit.

Amelia Earhart

1932 war der *Explorers Club* aufgrund der Weltwirtschaftskrise gezwungen, in die New Yorker West 72nd Street umzuziehen. Kurz darauf wurde Amelia Earhart (1897–1937/1939) als Ehrengast für die erste »Ladies' Night« im neuen Domizil eingeladen, die am 7. November 1932 stattfand. Zu diesem Zeitpunkt ließen sich Earharts fliegerische Erfolge kaum noch ignorieren. Zu einer Zeit, als die Instrumente in der Luftfahrt bestenfalls rudimentär waren, galt das Fliegen noch als tollkühnes Unterfangen.

Die Einladung zur »Ladies' Night« am 7. November 1932 zeigt den Ehrengast Amelia Earhart und die blaue Perserkatze, die sie dem Club als Maskottchen schenkte.

Zu Beginn ihrer Karriere hatte Amelia Earhart mit einer für 2000 Dollar gebraucht gekauften gelben Kinner Airster, »Canary« genannt, den ersten Höhenweltrekord für Frauen aufgestellt (4300 m). Als sie die einmalige Chance erhielt, den namhaften Piloten Wilmer (Bill) Stultz und seinen Kopiloten Louis (Slim) Gordon auf einem Flug an Bord einer dreimotorigen »Fokker Friendship« über den Atlantik zu begleiten, zögerte sie nicht. Das Trio startete am 17. Juni 1928 in Trepassey Harbor, Neufundland, und landete nach 20 Stunden und 40 Minuten in Burry Port, Wales. Damit war Amelia Earhart die erste Frau, die den Atlantik per Flugzeug überquert hatte. Die ganze Welt jubelte und nach der Rückkehr ehrte man die Leistung des Teams in großem Stil mit einer Konfettiparade in New York und einem Empfang im Weißen Haus, in dem damals Präsident Calvin Coolidge Hausherr war.
Dieser Erfolg war spektakulär, doch den Höhepunkt ihrer Karriere er-

reichte Amelia Earhart erst 1932, als sie im Juni ihren ersten Alleinflug über den Atlantik in weniger als 15 Stunden bewältigte. Dabei war sie nur um Haaresbreite einer Katastrophe entgangen, als ihre Maschine, eine Lockheed Vega, ins Trudeln geriet und sie vorzeitig in Londonderry, Irland, statt wie geplant in Paris, notlanden musste. Der einzige andere Pilot, dem diese Meisterleistung gelungen war, war Charles Lindbergh. Amelia Earhart setzte noch eins drauf, als sie im September desselben Jahres als erste Frau einen Nonstop-Transkontinentalflug absolvierte und damit gleichzeitig auch noch den damaligen Langstreckenrekord unter den Pilotinnen aufstellte. Dieser Flug von Los Angeles in Kalifornien nach Newark im US-Bundesstaat New Jersey erstreckte sich über eine Entfernung von ca. 3900 Kilometern und dauerte annähernd 19,5 Stunden.

Nur wenige Jahre später, am 11. Januar 1935, gelang Amelia Earhart der erste Alleinflug über den Pazifischen Ozean von Hawaii nach Oakland, Kalifornien. Sie stellte zahlreiche Geschwindigkeitsrekorde auf und war unter anderem die erste Frau, die solo mit einem Autogiro (auch Tragschrauber genannt), einer Mischung aus Flugzeug und Hubschrauber, flog, der den Auftrieb durch eine Bewegung des Rotorblatts und den Antrieb mithilfe eines Propellertriebwerks bewerkstelligt. Sie hielt den Autogiro-Höhenrekord und war die Erste, die mit diesem Fluggerät den Kontinent überquerte. Earhart war darüber hinaus Vizepräsidentin der *National Aeronautical Association* und wurde mit Ehrungen und Medaillen überhäuft: Sie war die erste Frau, der die Goldmedaille der *National Geographical Society* und das *Distinguished Flying Cross* verliehen wurde, mit dem man normalerweise Mitglieder der US-Luftstreitkräfte auszeichnete, die sich durch »Tapferkeit im Kampf oder außergewöhnliche Verdienste im fliegerischen Einsatz« hervorgetan hatten. Im Oktober 1932 erhielt sie den begehrten *Philadelphia Award* als »Frau des Jahres«.

Earharts Leistungen waren auch in Europa bekannt, wo ihr Anerkennung und Auszeichnungen von erstrangigen Luftfahrt-Organisationen zuteil wurden. Sie war Mitglied der Ehrenlegion, Trägerin des belgischen Leopoldordens und Ehrenmitglied der Lafayette Escadrille, ein Privileg, das außer ihr nur dem »Überflieger« Lindbergh zugestanden worden war. Sie schrieb zwei Bücher über ihre fliegerischen Aktivitäten: »20 Stunden, 40 Minuten« und »The Fun of It«.

Bei der »Ladies' Night« im November 1932 schenkte Earhart dem *Explorers Club* eine blaue Perserkatze als Maskottchen. Doch bevor sie das Tier ihren neuen Haltern überreichte, rieb sie die Pfoten der kleinen Katze mit Öl ein, ein altes Inka-Ritual, das das Streunen verhindern sollte. Es heißt, dass die Ureinwohner von Peru heimische junge Wildkatzen domestizierten, die sie bis zur Zeit der spanischen Eroberer als Haustiere hielten, um Ratten fernzuhalten. Sobald die Jungtiere jedoch das Stadium der Geschlechtsreife erreichten, kehrten sie den häuslichen Pflichten den Rücken und verschwanden, um in der Wildnis zu leben. Um dem Verlust vorzubeugen, hatten indianische Heilkundige ein Mittel aus verschiedenen geheimnisvollen Kräutern und öligen Salben gebraut, das aufgetragen wurde, sobald die Katzen die ersten Anzeichen von Ruhelosigkeit erkennen ließen. Es verhinderte nicht, dass sie ihrer Wege gingen, sorgte aber angeblich dafür, dass sie immer wieder an den heimischen Herd und zu ihren Pflichten zurückkehrten. Leider fand sich bei Durchsicht der Clubarchive kein weiterer Hinweis auf den Verbleib der Katze Amelia, wie lange sie lebte oder was aus ihr wurde. Heute verweist der westeuropäische Verband des *Explorers Club* auf eine Perserkatze namens Pomme als Maskottchen, doch wie es scheint, wurden die Pfoten dieser Katze nie gesalbt, denn sie streunt nicht nur auf lokaler Ebene, sondern treibt sich in der ganzen Weltgeschichte herum, als Teilnehmerin an etlichen Flaggenexpeditionen des Clubs.

Amelia Earhart vor ihrer Lockheed Electra, mit der sie 1937 verschwand.

Die Maskottchen des *Explorers Club*

Erzählungen zufolge traten bei den Clubabenden im Laufe der Zeit verschiedene Tiere in Erscheinung. In den 1930er-Jahren verfolgte ein zahmer Papagei, liebevoll Doc genannt, das Geschehen im Club von der schwindelnden Höhe eines Balkons aus und feuerte die Versammlung laut krächzend an. Auch die afrikanische Schimpansin Meshie hatte hier ihren großen Auftritt. Ihre Mutter war 1930 dem Giftpfeil eines einheimischen Jägers zum Opfer gefallen, der sich auf Nahrungssuche im Ostteil von Französisch-Kamerun begeben hatte. Harry Ravan vom *Museum of Natural History* hatte das verwaiste Jungtier gekauft und gemeinsam mit seinen beiden Kindern aufgezogen. Die Schimpansin erhielt somit hinreichend Gelegenheit, durch Nachahmung menschliche Fähigkeiten zu erlernen, von denen sie einige den Bankettgästen des Clubs vorführte. Vor dem Essen holte sich Meshie Appetit, indem sie mit einem Dreirad durch die Räumlichkeiten kurvte; danach vertilgte sie einen Teller Obst, wobei sie Besteck benutzte, trank Traubensaft mit einem Strohhalm aus einem Glas und wischte sich das Gesicht mit einer bereitliegenden Serviette ab.

Mukondji oder auch »Doc« auf dem Cover des *Explorers Journal*.

Wahrscheinlich nahm Amelia Earhart die Gastfreundschaft des Clubs bei vielen Gelegenheiten in Anspruch, da sie mit einem Mitglied des Clubvorstands, George Palmer Putnam, verheiratet war. Nach einem kurzen Abstecher in die Zeitungsbranche trat Putnam, der selbst Forschungsreisender war, in das familieneigene Verlagshaus ein, wo er Charles Lindberghs Autobiografie »We« herausbrachte. Durch die Veröffentlichung kam er in Kontakt mit einer wohlhabenden, in London lebenden Amerikanerin namens Amy Guest, die nach einem Sponsor für den ersten Transatlantikflug einer Frau suchte. Guest wandte sich an Putnam mit der Bitte, die damals noch kaum bekannte Amelia Earhart als Kandidatin für den historischen Flug zu unterstützen. Putnam nahm Earhart unter seine Fittiche, lenkte ihre Karriere, veröffentlichte ihre beiden Bücher und heiratete sie schlussendlich.

Knapp fünf Jahre nach der denkwürdigen »Ladies' Night« im *Explorers Club* trat Earhart ihren letzten Langstreckenflug an. Sie verließ Miami am 1. Juni 1937 an Bord einer umgerüsteten Lockheed Electra, begleitet von ihrem Navigator Fred Noonan. Die erste geplante Zwischenstation auf der beabsichtigten Weltumrundung war San Juan, Puerto Rico. Von dort flogen sie zur Nordostküste von Südamerika, bevor sie Afrika, das Rote Meer und Karatschi ansteuerten. Während dieser Etappe stellte Earhart einen neuen Rekord mit dem ersten Nonstop-Flug vom Roten Meer zum indischen Subkontinent auf. Von Karatschi ging es weiter nach Kalkutta, wo sie ihren Flug am 17. Juni fortsetzten, mit Zwischenlandungen in Rangun (Burma), Bangkok (Thailand), Singapur und Bandung (ehemals Bandoeng), der Hauptstadt von Westjava (Indonesien). Dort verhinderte der einsetzende Monsun den sofortigen Aufbruch, und während sie auf besseres Wetter warteten, wurden einige der Langstreckeninstrumente der Electra, die Probleme gemacht hatten, noch einmal überprüft und instand gesetzt. Als das Wetter erste Zeichen einer Besserung erkennen ließ, verzögerte sich der Aufenthalt nochmals um ein paar Tage, weil sich Earhart die Ruhr zugezogen hatte.

Am 27. Juni starteten Earhart und Noonan nach Port Darwin, Australien, wo ihr Flugzeug abermals repariert werden musste; dieses Mal war der Richtungsfinder defekt. Zur Verringerung der Last wurden Fallschirme und andere Ausrüstungsgegenstände, die beim Flug über den Pazifik nicht gebraucht wurden, per Schiff nach Hause geschickt. Der nächste Zwischenstopp fand am 29. Juni in Lae, Neuguinea, statt; die bisher zurückgelegte Flugstrecke betrug 35 200 Kilometer, bevor sich über weitere 11 200 Kilometer die schier endlose Weite des blaugrünen Pazifischen Ozeans vor ihnen erstreckte, nur gelegentlich von einer Insel unterbrochen.

In Lae nutzte Earhart die Zeit, einen in Auftrag gegebenen Artikel an die *Herald Tribune* zu schicken. Das Medieninteresse an diesem Flug war so groß, dass die *Itasca*, ein Kutterschiff der US-Küstenwache, das zum Einsatz vor der Howlandinsel abkommandiert war, um der Electra den Funkkontakt zu erleichtern, durch den privaten Funkverkehr an die Grenzen ihrer Kapazität gelangte. Vor dem Abflug aus Lae wurden die Vorräte an Bord aufgefüllt, unter anderem mit 1000 Gallonen Treibstoff für die rund 20 Flugstunden, die bis zum Zielort verblieben.

Am 2. Juli um 00.00 Uhr Greenwich Mean Time verließ die Lockheed Electra den Flughafen von Lae. Nach dem Start war ein starker Gegenwind aufgekommen; diese Information war an die Electra gesendet, doch der Empfang nicht bestätigt worden. Nach 19,5 Stunden Flugzeit deutete ein Funkspruch vom Flugzeug zur *Itasca* darauf hin, dass sich der Treibstoff dem Ende zuneigte, man aber nicht mehr weit vom Ziel entfernt sei. Earharts letzte Positionsmeldung erfolgte um 20:14 Uhr GMT, danach brach der Funkkontakt völlig ab; das Flugzeug verschwand spurlos von der Bildfläche, ohne Funk- oder Sichtkontakt. Die letzte dokumentierte Position des Flugzeugs war der Bereich rund um die Nukumanu-Inseln. Danach empfing die *Itasca* eine Reihe kurzer Funksignale, aber keines war lang genug, um die Electra genau zu orten. In den folgenden 16 Minuten versuchte die *Itasca* fieberhaft, Kontakt aufzunehmen und die Electra und ihre Insassen zu orten. Man versuchte es auf allen Frequenzen, jedoch ergebnislos. Um 20:30 Uhr GMT begannen die Rettungs- und Suchaktivitäten, da man annahm, dem Flugzeug sei der Treibstoff ausgegangen und es habe eine Notwasserung durchführen müssen. Präsident Roosevelt genehmigte höchstpersönlich ein riesiges Aufgebot, bestehend aus neun Schiffen und 66 Flugzeugen; die geschätzten Kosten beliefen sich auf über vier Millionen Dollar. Die Suche fand in einem Radius von 60 bis 160 Kilometer rund um die Howlandinsel statt, doch man entdeckte keine Spur von einem Rettungsfloß oder Treibstofftank, von denen man annahm, dass sie ebenfalls eine Weile auf dem Wasser treiben würden. Am 18. Juli wurde die Suche eingestellt.

Im Lauf der Zeit wurde mehrfach versucht, das Geheimnis um Amelia Earharts Verschwinden zu lüften, und es gab zahlreiche unbelegte Theorien, aberwitzige Hypothesen und unbestätigte Berichte, wo man sie angeblich gesehen oder Indizien für ihren Verbleib gefunden haben wollte. Es entstanden auch Filme über das abenteuerliche Leben der Flugpionierin. Die Mutmaßungen reichten von der Überzeugung, Earhart sei im Auftrag des Geheimdienstes unterwegs gewesen und gefangen genommen worden, bis hin zu der Möglichkeit, dass sie von dem Medienrummel genug gehabt und bis ans Ende ihrer Tage mit ihrer großen Liebe, einem einheimischen Fischer, auf einer Insel im Südpazifik gelebt habe. Jedoch war schon zu Beginn des verhängnisvollen Fluges klar, dass weder Earhart noch Noonan viel von Funknavigationstechnik verstanden. Die höheren Frequenzen, die sie für die Übermittlung ihrer Nachrichten verwendeten, waren für eine direkte Peilung ungeeignet. Die Kommunikation wurde durch die schlechte Übertragungsqualität infolge des überlasteten Funkverkehrs, hervorgerufen durch das weitläufige Interesse, das der Flug entfacht hatte, noch zusätzlich erschwert. Nachforschungen jüngeren Datums bezüglich des Geschehens legen die Schlussfolgerung nahe,

dass Earhart nach Passieren der Nukumanu-Inseln die Orientierung verlor und sich fälschlicherweise auf einem Kurs 160 Kilometer NNW der Howlandinsel befand.
Zwei Jahre nach ihrem Verschwinden wurde sie am 5. Juli 1939 für tot erklärt.

Amy Johnson

Amy Johnson

Während die Amerikanerin Amelia Earhart der Flugwelt ihren Stempel aufdrückte, suchte in Europa eine andere Frau ihren Platz in der Geschichte der Luftfahrt. Für die englische Pilotin Amy Johnson (1903–1941) war die Fliegerei zunächst nur ein Hobby. Sie erwarb 1929 im *London Aeroplane Club* ihren Flugschein und legte noch im selben Jahr als erste Britin ihre Prüfung als Flugzeugmechanikerin ab. Danach gelang es ihr, mithilfe ihres Vaters und anderer Sponsoren, eine gebrauchte einmotorige deHavilland Gypsy Moth zu kaufen, die sie auf den Namen *Jason* taufte. Die Firma deHavilland baute ungefähr 1000 dieser Flugzeugmodelle in ihrem Werk, das sich in einem Außenbezirk von London befand. Die Gypsy Moth galt als besonders robust und trug dazu bei, das Interesse an der Privat- und Sportfliegerei zu fördern, was viele wagemutige Flugunternehmungen zur Folge hatte. Die *Jason* erwies sich als hervorragende Investition, die heute im Londoner *Science Museum* beheimatet ist.

Sobald sie ihre eigenen »Flügel« hatte, machte sich Johnson daran, sie zu erproben. Am 5. Mai 1930 brach sie von Croydon, England, in Richtung Australien auf. Sie landete nach einigen unfreiwilligen Verzögerungen am 24. Mai in Darwin, als erste Frau, die einen Langstreckenflug über eine Distanz von 17 600 Kilometern wagte. Dafür wurde sie unverzüglich als Heldin gefeiert und mit zahlreichen Ehrungen bedacht, unter anderem mit dem Orden des Britischen Empire und der begehrten Harmon-Trophäe, einer internationalen Auszeichnung für herausragende Piloten und Astronauten männlichen wie weiblichen Geschlechts. Amelia Earhart erhielt sie zwei Jahre später. Doch vorher stellten Johnson und ihr Kopilot und Bordmechaniker Jack Humphries noch einen weiteren Rekord auf, als sie die 2800 Kilometer von London nach Moskau in 21 Stunden in einer deHavilland Puss Moth zurücklegten. Von Moskau flogen die beiden weiter über Sibirien nach Japan, wobei sie die Strecke Großbritannien–Japan in Rekordzeit bewältigten.

Margaret Mead

Während Frauen wie Earhart und Johnson durch ihre fliegerischen Spitzenleistungen eingeschliffene Rollenmuster durchbrachen, trug der Pioniergeist von Margaret Mead (1901–1978) dazu bei, traditionelle Wertvorstellungen im Bereich der Anthropologie herauszufordern und bestehende Grenzen zu erweitern.

In der Zeit nach dem Zweiten Weltkrieg schwand die Popularität der tollkühnen pragmatischen Entdeckerinnen und an ihre Stelle trat der Typus der gebildeten, akademisch orientierten Wissenschaftlerinnen oder Historikerinnen. Als Anthropologin und Ethnologin stand Mead an vorderster Front dieses Wandels. Von ihren Forschungsreisen brachte sie Berichte über sexuelle Gepflogenheiten in südostasiatischen und südpazifischen Kulturen mit, die während der 1960er-Jahre der sexuellen Revolution im Westen neue Impulse verliehen.

Meads biografischer Hintergrund und ihre wissenschaftlichen Verdienste scheinen auf den ersten Blick unvereinbar. Sie wurde als ältestes von fünf Kindern einer Quäker-Familie geboren; ihr Vater war Professor für Finanzwirtschaft, ihre Mutter promovierte Soziologin, die ihre Forschungen auf Studien italienischer Einwanderer konzentrierte. Doch das familiäre Umfeld war für die damalige Zeit unkonventionell, was sich unter anderem darin äußerte, dass Mead und ihre Geschwister ermutigt wurden, Freundschaften mit Gleichaltrigen ungeachtet ihrer ökonomischen Verhältnisse oder kulturellen Herkunft zu schließen. Ihre Eltern spornten Mead außerdem an, einen Beruf zu ergreifen, eine ungewöhnliche Option für die meisten jungen Mädchen und Frauen der damaligen Epoche. Als Heranwachsende zog Margaret Meads Familie häufig um und infolgedessen bestand ihre schulische Ausbildung zunächst aus einer Mischung aus Privat- und formalem Unterricht. Sie erwarb einen Bachelor's Degree am *Barnard College*, wo sie ihre Liebe zu anthropologischen Studien entdeckte. Dann machte sie ihren Master und wenige Jahre später ihren Ph.D. an der *Columbia University*, während sie als Assistenz-Kuratorin am *American Museum of Natural History* arbeitete. Dazwischen reiste sie zu Feldforschungen nach Polynesien, wo sich ihre Weltsicht von Grund auf veränderte.

Damals richtete sich die Aufmerksamkeit in westlichen Kulturen vor allem auf Verhaltensaspekte und ihre Ursachen; dazu gehörten auch die spezifischen Herausforderungen, denen sich Heranwachsende gegenübersahen. Es gab zahlreiche Debatten über die Frage, ob diese Probleme unvermeidlich oder das Ergebnis einer kulturellen und gesellschaftlichen Konditionierung waren. Um Klarheit über die Kontroverse zwischen biologischer und kultureller Warte zu gewinnen, untersuchte

Margaret Mead

Mead die Merkmale, die das Einsetzen der Adoleszenz in einer völlig anders gearteten Zivilisation als der westlichen kennzeichneten. Ihre Forschungsarbeit führte sie auf die samoanische Insel Tau im Pazifischen Ozean, wo sie neun Monate lang den Alltag in einem kleinen Dorf mit 600 Einwohnern beobachtete. Das hautnahe Zusammenleben mit den Einheimischen ermöglichte ihr, prägnante Unterschiede in den Verhaltensweisen von Angehörigen westlicher Kulturen im Vergleich zur polynesischen Gesellschaft zu entdecken. Sie stellte fest, dass dort Emotionen wie Neid und Eifersucht nicht inhärent schienen und bestimmte, in westlichen Zivilisationen als erstrebenswert geltende Prinzipien wie monogame Beziehungen weder geschätzt noch verstanden wurden. Das Konzept der Ehe war bei den Samoanern offenbar fließender als im Westen: Paare taten sich zusammen und lösten die Beziehungen auch wieder, indem sie getrennte Wege oder »nach Hause« gingen, wie es hieß.

Das Herzstück der Studien auf Tau konzentrierte sich auf das Verhalten der heranwachsenden Insulaner. Dazu veröffentlichte Mead 1928 das Buch »Coming of Age in Samoa«, das ungeheure Auswirkungen auf die westlichen Gesellschaften hatte. Der atemberaubende Erfolg ihres Bestsellers katapultierte Mead in die erste Liga der Anthropologen. Darin beschrieb sie die Pubertät bei samoanischen Jugendlichen beiderlei Geschlechts, die durch weniger Konflikte und sexuelle Praktiken geprägt war und zwangloser und freizügiger war als die amerikanischer Jugendlicher. Sie erklärte, dass emotionale Turbulenzen, Stress und die geschlechtsspezifischen Unterschiede im Sexualverhalten, die bei Heranwachsenden im Westen oft mit Einsetzen der Pubertät beginnen, nicht auf biologische Faktoren zurückzuführen sind, sondern von der jeweiligen Kultur und dem Sozialverhalten bestimmt werden. Diese Beobachtungen, die sich auf die sichtlich zuträglichen und akzeptierten Merkmale der vorehelichen sexuellen Beziehungen der Samoaner bezogen, gerieten später als voreingenommen in das Kreuzfeuer der Kritik. Dennoch hatte Meads Arbeit trotz aller fachlichen Kontroversen großen Einfluss auf die Sozialwissenschaften und die Einstellung westlicher Gesellschaften gegenüber sexuellen Beziehungen.

Ein weiteres Buch von Mead, »Jugend und Sexualität in primitiven Gesellschaften« (1935), das die weibliche Dominanz in einer Region von Neuguinea dokumentierte, stellte die überlieferten Geschlechterrollen infrage und diente als Katalysator der Frauenrechtsbewegung. Mead selbst war drei Mal verheiratet, aus der letzten Ehe stammt ihr einziges Kind, ihre Tochter Mary Catherine Bateson, die in die Fußstapfen der Mutter trat und ebenfalls Anthropologin wurde. 1969 bezeichnete das *Time Magazine* Margaret Mead als »Mutter des Erdballs«, und als sie 1978 in New York starb, war sie wahrscheinlich die bekannteste Anthropologin der Welt.

Osa Johnson

Für Frauen des 19. und 20. Jahrhunderts gab es nur wenige gesellschaftlich akzeptierte Möglichkeiten, ihre intellektuelle Neugierde zu befriedigen und Forschungsaktivitäten professionell zu betreiben, es sei denn, sie heirateten einen Forschungsreisenden und begleiteten ihn. Ein solches Forscherehepaar waren die Amerikaner Osa (1894–1953) und Martin Johnson, die in der ersten Hälfte des 20. Jahrhunderts durch ihre Filme, Bücher und Fotografien von sensationellen Abenteuern an fernen exotischen Orten auf sich aufmerksam machten. Dokumentarfilme stellten damals ein verhältnismäßig neues Kommunikationsmittel dar und die Johnsons nutzten dieses Format, um über die Natur und die indigene Bevölkerung Afrikas, der Südpazifikinseln und Borneos zu informieren; damit weckten sie das Interesse einer breiten Öffentlichkeit und regten die Fantasie der Menschen an.

Die beiden lernten sich kennen, als Martin Johnson im Verlauf einer Vortragsreise in Osas Heimatstadt Kansas Station machte. Dort fesselte er die Zuhörer mit der Schilderung seiner Abenteuer während einer von 1907–1909 unternommenen Pazifiküberquerung mit dem amerikanischen Schriftsteller Jack London auf dessen Jacht *Snark*, die er als Koch begleitet hatte. Offenbar war die Sängerin Osa von dem Geschichtenerzähler gebannt, denn zwei Jahre später, 1910, heirateten die beiden. Danach begann für die damals 20-Jährige ein abenteuerliches Leben, das trotz vieler haarsträubender Begebenheiten wohl ganz nach ihrem Geschmack war.

Bei einer ihrer Reisen wurden sie auf der urwüchsigen gebirgigen Insel Malekula, die zur Republik Vanuatu gehört, vom Häuptling eines Stammes namens Big Nambas als Geiseln genommen. Da die Stämme, die Malekula bewohnten, für ihre Grausamkeit und ihr feindseliges Verhalten gegenüber Fremden berüchtigt waren, ganz zu schweigen von ihrer gelegentlichen Vorliebe für Menschenfleisch, war die Situation ziemlich prekär. Dass den Johnsons die Flucht gelang, war nur dem Eingreifen eines britischen Kanonenboots zu verdanken. Doch trotz der düsteren Zukunftsaussichten hatten die Johnsons die Zeit in der Gefangenschaft nicht untätig verbracht, sondern reichlich Filmmaterial produziert, das in dem 1918 veröffentlichten Film »Among the Cannibal Isles of the South Seas« Verwendung fand. Obwohl die meisten nicht im Traum daran gedacht hätten, an einen so gefährlichen Ort zurückzukehren, zog es die Johnsons 1919 ein zweites Mal auf die Insel, dieses Mal mit einer bewaffneten Eskorte und einer Kopie ihres neuen Films ausgerüstet. Wie sich herausstellte, war der zusätzliche Schutz überflüssig, denn die Big Nambas mit Filmvorführungen zu fesseln, erwies sich als Kinderspiel. Da sie nie mit diesem Medium in Berührung gekommen waren, ließen die Stammesmitglieder unverzüglich, wenn auch nur für kurze Zeit, vom Kannibalismus ab, um sich einer gleichermaßen vergnüglichen Freizeitbeschäftigung hinzugeben: sich auf einer großen Leinwand selbst zu betrachten.

Die Johnsons waren äußerst rührig und produzierten zahlreiche weitere Dokumentarfilme, einschließlich »Jungle Adventures« (1921), »Headhunters of the South Seas« (1922) und »Congorilla« (1932), der erste Film, bei dem der Ton an den Drehorten in Afrika aufgenommen wurde. Um diese Zeit machten beide Johnsons ihren Flugschein und kauften zwei Sikorsky-Amphibienflugzeuge, die sie »Spirit of Africa« und »Osa's Ark« nannten. Bei ihrer fünften Afrikaexpedition von 1933–1934 flog das abenteuerlustige Paar kreuz und quer über den ganzen Kontinent und machte eine große Anzahl inzwischen legendärer Luftaufnahmen von Wildtieren beim Durchqueren der riesigen Savannen. Sie waren die ersten Piloten, die den Kilimandscharo und den Mount Kenia in Afrika überflogen und dabei filmten. Der Dokumentarfilm »Baboona«, der 1935 entstand, war das Ergebnis dieser Expedition.

»Irgendwo im Kongo«, Martin und Osa Johnson 1930.

Die erfolgreiche Zusammenarbeit dieses dynamischen Gespanns fand ein vorzeitiges Ende, als Martin Johnson 1937 beim Absturz eines Linienflugzeugs unweit Newhall, Kalifornien, starb; Osa Johnson, die sich ebenfalls an Bord befand, überlebte schwer verletzt. Trotz der Tragödie bewies sie, dass sie echten Pioniergeist besaß: Nur wenige Monate später reiste sie abermals nach Afrika, wo sie Sitten und Gebräuche der Massai und anderer afrikanischer Stämme aufzeichnete und einen Bericht per Telegramm an die *New York Times* schickte. Später wurde sie Beraterin der florierenden Hollywood-Filmindustrie und schrieb 1940 ihre Autobiografie mit dem Titel »I Married Adventure«, die sie auch als Dokumentarfilm herausbrachte.

Auf einem Fragebogen, den Martin Johnson für ein Buch über den *Explorers Club* ausgefüllt hatte, hieß es in der Rubrik Ausbildung »überall in der Welt«, was die Lebensweise der Johnsons treffend zusammenfasste. In einem auf den 17. November 1926 in Britisch-Ostafrika datierten Brief an den Club beschreibt Martin Johnson die Aktivitäten des Paares mit den Worten: »Wir haben hier oben ein interessantes und wunderbares permanentes Basislager errichtet … wir gehen mit Kamelen auf Safari in die Ndoto-Berge, die Matthews Range, ins Horr Valley und zu den Wasserlöchern in der Kaisut-Wüste, dann kehren wir zurück … entwickeln die Filme und machen uns erneut auf den Weg … Es ist ein anstrengendes Leben, jedoch voller Spannung und Aufregung, und mit Sicherheit hat kein Großwildjäger so viel Spaß daran, Tiere zu erlegen, wie wir, wenn wir sie fotografieren.«

Osa Johnson starb 1953 in New York City an einem Herzanfall. Zur Erinnerung an ihre abenteuerreiche Zeit wurde am 11. Juni 1961 an Osa Johnsons Geburtsort Chanute in Kansas das *Martin and Osa Johnson Safari Museum* eröffnet.

Delia Akeley

Ein weiteres bekanntes Forscher-Ehepaar waren die Amerikaner Delia (1875–1970) und Carl Akeley. Während Margaret Mead ihr Studium mit einem Master abschloss und die kulturspezifischen Unterschiede im Verhalten Heranwachsender zu analysieren begann, studierte Delia Akeley, auch unter ihrem Spitznamen Mickie bekannt, die Pygmäen, zur damaligen Zeit einer der letzten Stämme im tropischen Regenwald am Kongo, die unter der Schirmherrschaft des *Brooklyn Museum of Arts and Sciences* in New York standen. Davor hatte Delia ihren Mann auf seinen Expedi-

Werbeplakat für eine von Delia Akeleys Lesereisen.

tionen begleitet; Carl Akeley war ein namhaftes Mitglied des *Explorers Club*, der nicht nur Forscher, sondern auch Erfinder, Bildhauer und Tierpräparator war. Unter anderem hatte er eine Methode erfunden, Tiere lebensecht zu präparieren, und als Bildhauer erhob er diese Aktivität zur Kunst, schuf buchstäblich jeden Muskel eines Tieres neu, studierte und bildete Lebensräume nach, damit die Körperhaltung der konservierten Tiere und die zur Schau gestellten Habitate authentisch wirkten. Für die Blätter entwarf er beispielsweise Gussformen, die eine Produktion in großer Menge ermöglichten; außerdem entwickelte er ein Verfahren, um seine Felsen-Duplikate mit einem Zementspray zu fixieren, das später beim Bau des Panamakanals verwendet wurde. Dank dieser Fähigkeit war Carl Akeley als Designer von Museumsexponaten sehr gefragt und sowohl das *Field Museum of Natural History* in Chicago als auch das *American Museum of Natural History* sponserten seine Afrika-Expeditionen. Carl Akeley hatte einen Großteil der bemerkenswerten Dioramen im *Field Museum* entworfen und gemeinsam mit Delia viele der großen Wildtiere erlegt, die dort ausgestellt waren. Delia war eine ausgezeichnete Schützin und soll den größeren der beiden Elefanten zur Strecke gebracht haben, die in der Stanley Field Hall des Museums ausgestellt sind. Eine Reihe von Carl Akeleys ursprünglichen Präparator-Arbeiten befinden sich noch heute im sogenannten Trophäenraum des *Explorers Club*.

Delia und Carl Akeley ließen sich nach 20 Ehejahren scheiden und Carl heiratete zwei Jahre vor seinem Tod eine andere bekannte Entdeckerin und Naturforscherin, Mary Jobe Akeley (1886–1966), die später als Referentin bei der »Ladies' Night« im *Explorers Club* auftrat. Delia Akeley erkundete Afrika fortan auf eigene Faust, zeitweilig in Begleitung eines Affen namens J.T. Jr., an dessen Seite sie die Mühen und Gefahren des Dschungels, aber auch die Schwierigkeiten der Rückkehr in die »zivilisierte Gesellschaft« meisterte. Sie war eine außergewöhnliche Forscherin und man schreibt ihr das Verdienst zu, eine neue Vogelart und eine neue Antilopenart entdeckt zu haben. In Afrika lebte sie unter den Pygmäen im Ituri-Regenwald, im Osten der Demokratischen Republik Kongo, ehemals Zaire; sie war eine der ersten Reisenden aus dem Westen, die sich in die unerforschten Wüstenregionen zwischen Kenia und Äthiopien wagte und sie mit einer Kamelkarawane durchquerte. In einem Einbaum bezwang sie die mächtigen und gefährlichen Stromschnellen des Tana, des größten Flusses von Kenia. Viele ihrer Abenteuer sind in ihren autobiografischen Werken, z. B. dem Buch »Jungle Portraits« (1930), beschrieben.

Joan Wells Root

Während die Johnsons die Tiere auf die Kinoleinwand bannten und die Akeleys sie in die Museen brachten, machten Joan Wells Root (1936–2006) und ihr Mann Alan mehrere Generationen von Zuschauern in deren Wohnzimmern mit den Gewohnheiten afrikanischer Wildtiere vertraut. In Kenia geboren, eine Region, die bei europäischen Forschern und Entdeckern hoch im Kurs stand, trugen die Filmemacherin und Umweltschützerin Joan Root und ihr Mann wesentlich dazu bei, das Wissen über die afrikanische Flora und Fauna via Fernsehen zu verbreiten.
Joan Roots Vater war Kaffeepflanzer und später Safari-Guide. Joan begleitete ihn als junges Mädchen so oft wie möglich und erwarb dabei umfangreiche Kenntnisse der afrikanischen Flora und Fauna. Mit 20 trat sie in die Fußstapfen ihres Vaters, als sie einen jungen Mann kennenlernte, der ihre Liebe zu Tieren teilte. Zu den Bewohnern seines Familienanwesens gehörten ein ausgewachsener männlicher Pavian, eine Antilope und eine Reptilien-Sammlung. Joan, die sich für viele Aspekte der Tierbeobachtung und Tierpflege interessierte und unter anderem auch einen kranken Babyelefanten gesund gepflegt hatte, schien es vorbestimmt zu sein, ihm zu begegnen.
Dieses Zusammentreffen erwies sich als glückliche Fügung, denn 1961 heiratete das Paar. Sie begannen, gemeinsam für das Fernsehen zu arbei-

ten, zunächst für das Naturforscherehepaar Armand und Michaela Denis, bekannte TV-Pioniere, und bald darauf für den deutschen Zoologen Bernhard Grzimek (1909–1987), Autor des Buches und Dokumentarfilms »Serengeti darf nicht sterben«. Ein Jahr später, 1962, nahm das frisch vermählte Paar an der ersten Heißluftballon-Expedition teil, die den Migrationswegen der riesigen afrikanischen Tierherden folgte. Nach dieser Erfahrung drehten sie in eigener Regie eine Reihe bekannter Fernsehdokumentationen.

Auf der Suche nach einem Ort, um sich niederzulassen, erwarben sie ein ca. 30 Hektar großes Grundstück mit einem Haus im Kolonialstil am Ufer des Naivaschasees, das sie 1963 bezogen. Dort schufen sie, zwischen Vögeln und Puffottern, die das Land durchstreiften, einen Garten Eden, zu dem auch ihre eigene Menagerie zählte, bestehend aus einer Hyäne, afrikanischen Waldantilopen und Wildkatzen. Diese wurden bisweilen als Staffage für ihre Fernseh-Exkursionen benutzt.

Damals steckte das Fernsehen noch in den Kinderschuhen und die Chancen für eine Wiederholung der Aufnahmen, die in der afrikanischen Wildnis entstanden, waren eingeschränkt oder gleich null. Daher erforderten Joan Roots Aktivitäten nicht nur beträchtliche Kenntnisse des Tierverhaltens, sondern bisweilen auch einen äußerst wagemutigen Einsatz. Sie zögerte nicht, sich das giftige Sekret einer Kobra ins Gesicht spritzen zu lassen, ohne sich vom Fleck zu rühren, damit die Kamera das Geschehen im bestmöglichen Winkel aufnehmen konnte. Sie erkundete die Tiefe der Flüsse, die mit Fahrzeugen, Ausrüstung und Filmcrew durchquert werden sollten, und hielt mühsam das Gleichgewicht zwischen den Ästen eines Dornenbaums, um der Crew Bescheid zu sagen, wenn sich eine Herde Wildtiere näherte.

Mitte der 1980er-Jahre trennten sich jedoch die Wege des Paares. Joan Root blieb im Haus am Naivaschasee und konzentrierte ihre unerschöpfliche Energie auf den Umweltschutz, verwandelte das Anwesen in ein

Sanktuarium für Flusspferde, Hirschantilopen, Vögel und Fische. Doch diese Bemühungen stießen auf den Widerstand der Vertreter lokaler Handelsinteressen. Insbesondere sprach sich Root gegen den Anbau von Pflanzen aus, die nach Europa exportiert werden sollten, ein Projekt, das eine Ableitung des Wassers aus dem Naivaschasee erfordert hätte. Sie machte auch Front gegen andere Nutzungen des Sees und verlangte eine striktere Überwachung der Fischfangaktivitäten. Der Kampf gegen die lokale Industrie veranlasste sie, elektronische Überwachungssysteme auf ihrem Grundstück installieren zu lassen, doch die Mühe war vergebens. 2006 wurde sie tot in ihrem Bett aufgefunden, brutal ermordet, höchstwahrscheinlich von Menschen, denen ihr Engagement für den Schutz unseres Planeten Erde ein Dorn im Auge war.

Die Wende: Der *Explorers Club* öffnet seine Tore

Die ersten weiblichen Mitglieder

Trotz der bedeutenden Beiträge in allen Forschungsbereichen, ganz zu schweigen von der aktiven Teilnahme an vielen Aktivitäten des *Explorers Club*, wurde Frauen erst 1981 der Mitgliederstatus zugestanden. Zu diesem Zeitpunkt war längst klar, dass der Club seine weltweite Führungsposition nur dann halten konnte, wenn man den Leistungen der weiblichen Forscherinnen und Entdeckerinnen Rechnung trug. Für den damaligen Präsidenten des *Explorers Club*, den Anthropologen Charles F. Brush, war diese Kurskorrektur längst überfällig und er wurde zum Wortführer einer Initiative, die Frauen als Mitglieder des Clubs einzubeziehen trachtete. Dennoch rief der Vorschlag, die Satzung zu ändern und Frauen in die bis dato reine Männerorganisation aufzunehmen, einigen Unmut und hitzige Debatten hervor. Die 3000 Mitglieder des Clubs wurden aufgefordert, in einer geheimen Briefwahl über den Antrag abzustimmen; 1366 Stimmzettel wurden zurückgeschickt und ausgezählt. Es war kein erdrutschartiger Sieg, aber 55 Prozent der Stimmen reichten aus, um die Satzung zu ändern. Im April, beim alljährlichen Festbankett des Clubs, wurde feierlich verkündet, dass Frauen fortan als Clubmitglieder aufgenommen würden. Am 19. April 1981 erschien in der *New York Times* ein Artikel mit der Überschrift »*Explorers Club* entdeckt Frauen« – endlich wurde eine schwer einnehmbare Männerbastion erobert.

Am 19. September 1981 wurden daraufhin vier Frauen in den Club aufgenommen: Carol A. Beckwith, Ph.D. Emma L. Davis, Ph.D. Sylvia A. Earle und Ph.D. Rita W. Mathews; sie qualifizierten sich als Fellows (Mitglieder mit hochkarätigem wissenschaftlichen Status). Am 20. Oktober entsprachen vier weitere Frauen den Aufnahmebestimmungen: Margaret D. Brent, Conda Douglas, Barbara Martinelli wurden als Mitglieder und Ph.D. Kathryn D. Sullivan als Fellow akzeptiert. Am 17. November kamen sechs Fellows hinzu: Ph.D. Vera Alexander, Ph.D. Vera Komarkova, Sarah K. Myers, Kathleen D. Phelps, Ph.D. Anna C. Roosevelt und D'Lynn Waldron. Weitere Verstärkung erhielten sie am 15. Dezember durch Ph.D. Elizabeth Horner in der Fellow- und Ingrid E. Pederson in der Mitglieder-Riege. Diese 16 Frauen trugen bereits im ersten Jahr zum Glanz der Mitgliederliste bei.

Der *Explorers Club* im Lowell-Thomas-Gebäude

Bereits 1965 hatte der *Explorers* Club sein neues und bis heute letztes Hauptquartier erworben: ein sechsstöckiges Stadthaus an der East 70th Street. Das Gebäude wurde nach dem Clubmitglied, bekannten Journalisten, Rundfunkkommentator und Forschungsreisenden Lowell Thomas benannt, der den Kauf der Immobilie u. a. ermöglicht hatte.
Der Entwurf des Stadthauses stammte von einem jungen Architekten namens Junius Sterner und war nach den Wünschen des damaligen Besitzers, Stephen Carlton Clark, gestaltet worden, der ein erfolgreicher Unternehmer und Erbe der Singer-Nähmaschinenfabrik war und sich auch auf dem Gebiet der Kunst sowie des Verlagswesens betätigte. Die Bauarbeiten begannen 1910, dauerten zwei Jahre und verschlangen die für damalige Verhältnisse atemberaubende Summe von 650 000 US-Dollar. An der Frontseite des annähernd 17 Meter breiten Gebäudes wurden Bleiglasfenster in doppelter Höhe in die Backsteinfassade eingelassen. Diese schützen die dunkle Holzvertäfelung und die Stuckdecken im Inneren des Gebäudes vor dem grellen Sonnenlicht und umhüllen sie mit einem matten Glanz.
Die Dachlinie ziert ein flämisch angehauchtes Giebelpaar.

Die Terrasse des *Explorers Club*.

Zu der Zeit, als Stephen Clark und seine Familie das hochherrschaftliche Gebäude bewohnten, beherbergte es eine der erlesensten Kunstsammlungen New Yorks mit zahlreichen Werken von alten Meistern, Renaissancemalern und Impressionisten. Clark war einige Jahre Kurator und Vorstandsmitglied des *Metropolitan Museum of Art*. In einem der Räume seines Hauses hingen ausschließlich Bilder von Matisse, in anderen Gemälde von El Greco und anderen Renaissance-Größen. Obwohl die Clark-Sammlung heute in alle Winde verstreut und in verschiedenen Museen untergekommen ist, befinden sich an den Wänden des Lowell-Thomas-Gebäudes noch immer viele Schätze, gestiftet von Mitgliedern des *Explorers Club*. Wo einst die Meisterwerke weltberühmter Maler und Bildhauer zu sehen waren, kann man nun Exponate der Forscher-

Die Fassade des *Explorers Club.*

Das Foyer (links) und die Mitglieder-Lounge (Mitte) des *Explorers Club*.

und Entdeckerelite bewundern: die Glocke, die Admiral Richard E. Byrd bei einer seiner Expeditionen in die Antarktis benutzte, den Schlitten, mit dem Admiral Robert E. Peary den Nordpol erreichte, den imposanten Globus, auf dem Thor Heyerdahl in den 1950er-Jahren seine Fahrt mit der Kon-Tiki skizzierte, und eine Unmenge an Fangzähnen, Schutzschilden und ausgestopften Trophäen, die Ausbeute der ersten Expeditionen des Clubs.

Heute können sich die Clubmitglieder in einem der zahlreichen Besprechungsräume des Hauses treffen, das als »weltweites Zentrum der Exploration« gilt. Sie können die umfangreichen Archive benutzen oder sich bei Vorträgen über die Forschungsergebnisse ihrer Kollegen informieren, die von ihren Feldstudien zurückgekehrt sind.

Bibliothek und Archive des *Explorers Club* gehören zu den weltweit größten Sammlungen auf dem Gebiet der Exploration und Forschungsreisen. Die Bibliothek umfasst annähernd 22 000 katalogisierte Bände, ein großer Teil davon besteht aus Werken der Mitglieder, die inzwischen

Trophäensammlung im *Explorers Club*.

zu den zeitlosen Klassikern der Explorationsliteratur zählen. Der Club sammelte diese Schätze beinahe von Anfang an. Unter der Schirmherrschaft des neunten Präsidenten, James B. Ford, der den Erwerb wichtiger Handschriften aus dem 18. und 19. Jahrhundert und anderen Archivmaterials finanziell unterstützte, wurde die Sammlung beträchtlich erweitert. Heute enthält sie zahlreiche Kostbarkeiten, von frühzeitlichen Reiseberichten wie »Iter ad Terram Sanctam« aus dem Jahre 1501, in dem eine Pilgerreise ins Heilige Land geschildert wird, bis zur »Description de l'Égypte«, einer Text- und Bildsammlung, die als Ergebnis der ägyptischen Expedition Napoléon Bonapartes entstand. Hinzu kommen allein 500 Bücher aus der Privatbibliothek des Arktisforschers Robert E. Peary in Eagle Island, Maine. Außerdem enthalten die Archive des Clubs unersetzliches Referenzmaterial, einschließlich Logbüchern, Berichten über Flaggenexpeditionen, Korrespondenz, Tagebüchern, kartografischem Material, Tabellen, Zeichnungen und handschriftlichen Notizen der berühmten Mitglieder.

Die Flaggen des *Explorers Club*

Der Vortragssaal des *Explorers Club* bietet nicht nur den heimkehrenden Forschungsreisenden ein Refugium mit gediegenem Ambiente, sondern dient auch als Magazin für die »im Ruhestand« befindlichen Flaggen, Zeugen eines Ruhms, die an spektakuläre Expeditionen erinnern und in unterschiedlich verschlissenem Zustand die holzgetäfelten Wände zieren. In dieser »Hall of Fame« befindet sich beispielsweise die Flagge, die der amerikanische Naturwissenschaftler und Forscher Roy Chapman Andrews mit sich führte, der angeblich das Vorbild für den Filmhelden Indiana Jones abgab. Er wurde durch seine Chinareise Anfang des 20. Jahrhunderts bekannt, zu einer Zeit, als das Reich der Mitte politisch zersplittert war. Von seinen Expeditionen in die Wüste Gobi und in die Mongolei brachte er zahlreiche wichtige Entdeckungen mit, unter anderem die ersten Fossilien von Dinosaurier-Eiern, die er dem *American Museum of Natural History* stiftete, dessen Leiter er später wurde.

Zu den Forschern und Entdeckern, die sich im *Explorers Club* mit ihrer Flagge verewigt haben, gehören außerdem: Captain Robert (Bob) Abram Bartlett, Neufundland-Navigator und Arktisforscher, der Robert Peary als Kapitän der *Roosevelt* bei seinen Versuchen begleitete, den Nordpol zu erreichen; Thor Heyerdahl, der 1947 mit einem winzigen Floß aus Balsaholz die 6000 Kilometer lange Strecke zwischen Peru und Polynesien zurücklegte und damit den Beweis erbrachte, dass sich alte Kulturen Südamerikas im Südpazifik angesiedelt und eine ähnliche Reise unternommen haben könnten; Naomi Uemura, ein japanischer Abenteurer, bekannt für seine exploratorischen Alleingänge und Erfolge, die vorher nur von großen Expeditionen erzielt wurden: Er gelangte als Erster allein zum Nordpol, bestieg den Mount McKinley und fuhr ohne Begleitung auf einem Floß den Amazonas hinunter. Außerdem sind im *Explorers Club* die Flaggen, die von den Astronauten an Bord der Apollo 8 und 15 mit-

geführt wurden, im Miniaturformat ausgestellt. Zur dreiköpfigen Besatzung der Apollo-8-Mission gehörten der Kommandant Frank Borman, der Pilot der Kommandokapsel James Lovell und Weltraumneuling William Anders, der ursprünglich als Pilot der Mondlandefähre vorgesehen war, dann aber die Aufgaben des Bordingenieurs und Fotografen übernahm; es war der erste bemannte Raumflug, bei dem Menschen das Gravitationsfeld der Erde verließen und in das Schwerkraftfeld eines anderen Himmelskörpers vordrangen. Der neunte bemannte Weltraumflug Apollo 15 mit der vierten Mondlandung war in stärkerem Maß auf wissenschaftliche Forschungsaktivitäten ausgerichtet. Der Kommandant David Scott und der Pilot der Mondfähre James Irwin führten Studien

Teilnehmer der Flaggenexpedition *PJC Dinosaurs of the Gobi Expedition* an der Ankylosaurus-Ausgrabungsstelle in der Wüste Gobi, Mongolei. Personen im Uhrzeigersinn: Dr. Eva Koppelhus, Dr. Julie Chase, Dr. Demchig Badamgarav, Don Marks, Ito Yoshio.

auf der Mondoberfläche durch, entnahmen z. B. Bodenproben, während der Pilot der Kommandokapsel, Alfred Worden, den Mond auf seiner Umlaufbahn umkreiste.

Die Flagge des *Explorers Club*, heute ein globales Sinnbild für Forschung und Exploration, wurde erstmals 1918 bei einer Expedition mitgeführt. Sie befand sich vermutlich im Gepäck von Theodoor de Booy, einem amerikanischen Archäologen holländischer Herkunft, der eine Schiffsreise nach Venezuela unternahm, wo er die Entwicklungsgeschichte der präkolumbianischen Arawak-Kultur studierte. Seither begleitete die Flagge zahlreiche Expeditionen zum Nord- und Südpol, wehte auf den höchsten Berggipfeln der Welt, tauchte in die tiefsten Zonen des Meeres hinab, flog in den Weltraum und gelangte zum Mond.

Eine der ersten Versionen war ein Geviert aus roter Seide mit einem vierzackigen Stern und dem Namen »Explorers Club« in der Mitte. Das heutige Design stammt von Frederick S. Dellenbaugh, Gründungsmitglied des Clubs, Topograf, Autor und Maler, dessen 1876 entstandenes Gemälde »Las Vegas Ranch« weltweit Aufmerksamkeit erregte. Dellenbaugh schuf es auf dem Weg nach Ivanpah, einem Minenarbeitercamp in Kalifornien, als die Pferdekutsche eine Ruhepause einlegte; es war das erste Mal, das ein Bild vom Las Vegas Valley an die Öffentlichkeit gelangte. Zur damaligen Zeit, 29 Jahre vor dem Bau der Eisenbahnlinie, war die Region kaum bekannt und nur dünn besiedelt. In Dellenbaughs Flaggen-Entwurf ist ebenfalls die Farbe Rot dominierend, um den Mut zu symbolisieren; als Gegengewicht dient ein Bereich in Blau, der für Aufrichtigkeit steht. Die beiden Felder werden durch eine quer verlaufende breite Linie mit den Initialen des Clubs und einer Kompassrose getrennt, die auf die äußersten Grenzen von Erde und Weltall verweist und somit den internationalen Charakter der Clubaktivitäten unterstreicht.

Die ersten Forscher und Entdecker, die mit der neu gestalteten Standarte auf Reisen gingen, waren der Pädagoge und Astronom Dr. Clyde Fisher, der spätere Leiter des Hayden-Planetariums in New York, und der Forschungsreisende, Rundfunksprecher und Filmemacher Carveth Wells. Die beiden nahmen die Flagge auf eine Expedition nach Lappland mit, die sie im Auftrag des *American Museum of National History* durchführten.

Lorie Karnath und Constance Difede mit Flaggen.

Damit einer Expedition gestattet wird, die Flagge des *Explorers Club* mitzuführen, müssen Zielsetzung und Planung der Mission bestimmte Kriterien erfüllen. Diese werden nach strengen Maßstäben beurteilt. In den vergangenen Jahren sorgte Constance Difede (geboren 1953), die den Vorsitz über den Ausschuss für Flaggen und Auszeichnungen führt, gemeinsam mit ihrem internationalen Team aus Wissenschaftlern und Forschern für eine gewissenhafte Einhaltung der Regeln. Difede hat sich u. a. als Taucherin und Pilotin verdient gemacht. Sie leitete beispielsweise eine Flaggenexpedition nach Papua-Neuguinea und auf die Salomon-Inseln, um die Population der auf Bäumen lebenden Skinke statistisch zu erfassen, beteiligte sich in Nepal an Studien über die Höhenkrankheit, bestieg den Kilimandscharo, hielt in den Gewässern vor der Osterinsel nach dem gesunkenen Schiffsanker des Seefahrers und Forschungsreisenden Jakob Roggeveen Ausschau und war an einem mehrjährigen Projekt zur Erforschung der Kommunikation, Wanderbewegungen und Verhaltensweisen von Buckelwalen beteiligt. In ihrer Freizeit erkundet sie die karibische Küste, auf der Suche nach neuen Tauchgründen.

Um sich für eine Clubflagge zu qualifizieren, muss eine Expedition nachweisen, dass sie einen wichtigen Beitrag zu Exploration und Feldforschung leistet, der die weltweite Wissensbasis hinsichtlich eines bestimmten Themas oder einer Region vertieft. Nach Beendigung der Expedition muss die Flagge zurückgebracht und ein wissenschaftliches Protokoll über die Ergebnisse der Reise abgeliefert werden. Diese Dokumente werden in den unschätzbar wertvollen Forschungsarchiven des *Explorers Club* aufbewahrt. Obwohl heute weitgehend im elektronischen Format, wurden einige der ersten gebundenen Flaggenexpeditionsberichte im sogenannten »Flag Book« archiviert. Dabei handelt es sich um eine einzigartige Sammlung handgeschriebener Notizen über die Expeditionen der ersten Clubmitglieder, oft ergänzt durch Zeitungssausschnitte, Beiträge anderer Autoren und Aufzeichnungen, die das Zeitgeschehen spiegeln. Sie liefern umfassende Einsichten und Erkenntnisse über die Wahrnehmungen und Herausforderungen, die mit jeder einzelnen Expedition verbunden waren.

Nach der Rückgabe der Clubflagge steht diese – falls sie nicht aufgrund von Beschädigungen ausrangiert wird, was jedoch nur selten vorkommt – als Leihgabe für das nächste Forschungsprojekt zur Verfügung. Auf diese Weise hat jede Flagge (insgesamt gibt es 202 Exemplare) ihre eigene Geschichte und setzt mit jeder Expedition ein wenig mehr Patina an. Bestimmte Flaggen genießen beinahe Kultstatus und es kommt vor, dass eine Flagge, die zum Beispiel eine gefahrenreiche Flussfahrt überlebt

Anna Roosevelt mit der *Explorers-Club*-Flagge, Teso dos Bichos Mound, Marajó, Brasilien, 1985.

hat, für eine Forschungsreise angefordert wird, die vornehmlich auf dem Wasser stattfindet. Einige Flaggen stehen wegen ihrer Abenteuer in der Arktis hoch im Kurs, während andere häufiger als »Glücksbringer« bei Explorationen in trockenen Klimazonen oder unter Wasser zum Einsatz kommen. Infolgedessen entbrannte um einige Flaggen auch schon mal ein erbitterter Wettstreit.

Frauen spielten bei den wichtigsten Flaggenexpeditionen des *Explorers Club* eine maßgebliche Rolle, entweder in leitender Funktion oder als Mitglieder des Teams. Zu den illustren Flaggen im Ruhestand, die den Vortragsraum schmücken, gehören etliche, die Zeugnis von Beiträgen namhafter Forscherinnen und Entdeckerinnen ablegen. Zu ihnen zählen auch die Flaggen der Expedition von Dr. Jill Yager 1987 und einer Nachfolgereise im darauffolgenden Jahr, mit dem Ziel, die Krustentiere in Unterwasserhöhlen vor den Bahamas und Kuba zu erforschen. Dr. Yager (geboren 1945), Ökologieprofessorin und zertifizierte Höhlentaucherin, verbrachte mehrere Jahrzehnte mit der Erforschung der Wasserchemie und der Flora und Fauna von Unterwasserhöhlen. Sie entdeckte bei

Tauchgängen vor den Bahamas unter anderem eine neue, der Wissenschaft bisher unbekannte Klasse von Krustentieren, Remipedia genannt. Wasser war auch das Element der Wissenschaftlerin Valerie Fons Kruger (geboren 1951), die unter der gleichen Flagge eine Studie am Grand River, dem größten Fluss in Michigan, durchführte.

1995 trat eine Gruppe Frauen, die allerdings keine Mitglieder des *Explorers Club* waren, eine weitere Flaggenexpedition an zur Erforschung des Baikalsees in Südsibirien, der auch »reicher See« oder »das blaue Auge Sibiriens« genannt wird; er ist der tiefste Süßwassersee der Welt, der größte, was das Wasservolumen angeht, und mit mehr als 25 Millionen Jahren der älteste. In einem uralten Senkungsgraben entstanden, beherbergt er eine unvorstellbar vielfältige, weitgehend endemische Pflanzen- und Tierwelt. Ungefähr ein Jahr nach dieser Expedition wurde diese Region von der UNESCO zum Weltnaturerbe erklärt.

2004 leitete Judith W. Schrafft (geboren 1932) eine Flaggenexpedition, an der auch ein anderes Mitglied des *Explorers Club* teilnahm, die Dinosaurier-Expertin Dr. Eva Koppelhus (geboren 1953) vom *Royal Tyrell Museum of Paleontology* in Alberta, Kanada; sie erforschten in der Wüste Gobi die fossilen Überreste von Dinosauriern.

Auszeichnungen des *Explorers Club*

Abgesehen von den Flaggen, die bei besonders verdienstvollen Expeditionen mitgeführt werden, verleiht der *Explorers Club* eine Reihe weiterer Ehrungen und Auszeichnungen. Die potenziellen Anwärter müssen von den Clubmitgliedern vorgeschlagen werden; die Nominierungen werden dann vom Ausschuss für Flaggen und Auszeichnungen geprüft und die Empfänger durch Abstimmung ermittelt. Die prestigeträchtigste Auszeichnung ist die *Explorers Club Medal*, die für »außerordentliche Beiträge im Bereich der Exploration und wissenschaftlichen Forschung oder für Verdienste um das Wohl der Menschheit« verliehen wird. Seit der ersten Verleihung an den Polarforscher Robert E. Peary wurde auch mehreren Frauen diese Auszeichnung zuteil, die beim alljährlichen Bankett des *Explorers Club* in New York City überreicht wird.

Dieses Bankett, das »Annual Dinner«, ist eine Institution für sich. Es wird jeden März im imposanten Ballsaal des Waldorf-Astoria-Hotels in New York abgehalten. Mehr als 1000 geladene Gäste, darunter die Entdecker- und Forscherelite der Welt, nehmen daran teil, in »Abendkleidung oder Landestracht«, wie es in der Einladung heißt, um den exploratorischen Leistungen und handverlesenen Empfängern der Auszeichnungen die Ehre zu erweisen. 1989 wurde die *Explorers Club Medal* zum 53. Mal verliehen, an die Archäologin Mary Leakey (siehe S. 155), mit der erstmals eine Frau anlässlich dieses Ereignisses auf dem Podium stand. Sie nahm die Ehrung stellvertretend für weitere Mitglieder der Familie Leakey entgegen, die mehrere Jahrzehnte versuchten, Antworten auf grundlegende Fragen über den Ursprung der Menschheit »auszugraben.« 1993 wurde Jane Goodall (siehe S. 159) als 57. Empfängerin für ihre »bahnbrechenden Feldforschungen an wild lebenden Schimpansen« ausgewählt, 1996 gefolgt von Sylvia Earle (siehe S. 185), der als 60. die begehrte Medaille zuerkannt wurde für »ihre Verdienste als Meeresbiologin und Pionierleistungen in der Tiefseeforschung, vor allem aber wegen ihres Beitrags zur Entwicklung und Nutzung bemannter ferngesteuerter Unterwasserfahrzeuge«. Anna Roosevelt (siehe S. 168) war die 61. Gewinnerin, wegen ihrer »Pionierarbeit im Bereich der menschlichen Ökologie und kulturellen Entwicklung, insbesondere aber wegen ihres Beitrags zum besseren Verständnis der beginnenden Kolonialisierung der beiden Amerikas«. 2007 wurde die Astronautin Kathryn Sullivan (siehe S. 200) als 72. für ihre

Beim 105. »Annual Dinner«, das unter dem Motto »die Ozeane erforschen« stattfand, erhielt Eugenie Clark die *Explorers Club Medal*.

»außerordentlichen Leistungen in der Ozeanografie, Weltraumforschung und zum Wohl der Menschheit« geehrt. Und 2008 räumte Eugenie Clark (siehe S. 183) als 73. die begehrte Trophäe ab, »für ihre jahrzehntelange Arbeit in der Ichthyologie, vor allem ihre Studien über Haie und Tiefseefische«.

Neben der *Explorers Club Medal* wird auch noch die *Sweeney Medal*, die 1968 zu Ehren des früheren Clubpräsidenten Dr. Edward C. Sweeney Jr., der sein Leben der Aufgabe gewidmet hatte, außergewöhnliche Explorationen zu fördern und unermüdlich die Werbetrommel für den *Explorers Club* zu rühren, ins Leben gerufen wurde, verliehen. Sein beispielhaftes wissenschaftliches Engagement dient als Maßstab für die alljährliche Verleihung der Medaille an ein Clubmitglied, um »herausragenden Beiträgen zum Wohl und in Übereinstimmung mit den langfristigen Zielen des *Explorers Club*« die gebührende Anerkennung zuteil werden zu lassen. Die Meeresbiologin Rita W. Mathews, die zu den ersten weiblichen Mitgliedern des Clubs gehörte, erhielt 1994 als erste Frau die Medaille. 2007 wurde Kathryn Kiplinger und ein Jahr später Catherine Nixon Cooke mit der Medaille ausgezeichnet.

1984 als Fellow gewählt, war die Natur- und Umweltschützerin Catherine Cooke in viele Aspekte der Clubverwaltung eingebunden und ist somit ein anschauliches Beispiel dafür, was die *Sweeney Medal* symbolisiert. Als Mitglied des Regionalverbandes von Texas begann sie ihre Tätigkeit als Programmleiterin des Clubs und wurde schließlich Vorsitzende. Bald darauf wurde sie in den Vorstand des *Explorers Club* berufen, wo sie sechs Jahre mit Leitungs-, Kontroll- und Sekretariatsaufgaben der Organisation befasst war. Cooke führte außerdem den Vorsitz über mehrere wichtige Ausschüsse auf nationaler Ebene und nahm viele junge Forscher und Entdecker als Mentorin unter ihre Fittiche. Als Präsidentin und Geschäftsführerin des *Mountain Institute* arbeitete sie in den entlegensten Bergregionen der Erde und war weltweit für eine Reihe von Umwelt- und Wirtschaftsentwicklungsprojekten in gefährdeten Regionen verantwortlich. Darüber hinaus leitete sie drei Flaggenexpeditionen des *Explorers Club*.

Catherine Nixon Cooke in Nepal, bei der Realisierung eines Wiederaufforstungsprojekts des *Mountain Institute*.

Der Club verleiht noch weitere Auszeichnungen, zum Beispiel den *Lowell Thomas Award*, der 1980 von Clubpräsident Charles F. Brush ins Leben gerufen wurde. Er wird vom amtierenden Clubvorsitzenden an verdienstvolle Forschergruppen verliehen, zu denen im Lauf der Jahre auch viele Frauen gehörten. Eine weitere Ehrung ist der *Communications Award*, mit dem Einzelpersonen für ihre »außerordentlichen Verdienste um die Förderung und Verbreitung des Umweltschutzbewusstseins« geehrt werden. Zu ihnen gehören zwei besonders bemerkenswerte Frauen, die Clubmitglieder Marjorie Stoneman Douglas und die Schauspielerin Sigourney Weaver.

Die amerikanische Journalistin, Schriftstellerin und Umweltschützerin Marjory Stoneman Douglas (1890–1998) wurde sage und schreibe 108 Jahre alt und war bis zum letzten Atemzug eine glühende Verfechterin des Umweltschutzes in den Everglades im US-Bundesstaat Florida. Sie entdeckte erst im fortgeschrittenen Alter von 79 Jahren ihre Berufung, doch da ihr eine längere Lebensdauer als den meisten Menschen zugedacht war, konnte sie 29 Jahre lang für eine Renaturierung des einmaligen tropischen Marschlandes kämpfen. Es war nicht der erste Kreuzzug, zu dem sie aufrief: Sie war auch eine vehemente Verfechterin des Frauenwahlrechts und der Bürgerrechte. Ihre Bereitschaft, gegen die Trockenlegung und Erschließung der Everglades öffentlich aufzubegehren, brachte sie auf Konfrontationskurs mit den Interessenvertretern des Unternehmens- und Landwirtschaftssektors, die sich von der Wirtschaftsentwicklung dieser Region ein gewinnträchtiges Geschäft versprachen. Ebenso couragiert wie unerbittlich, gelang es ihr schließlich, die Everglades wieder als wertvolle Wasserressource statt als wertlosen Sumpf ins Bewusstein der Menschen zurückzurufen, was ihr den Namen »Grande Dame der Everglades« eintrug.
Als Journalistin für den *Miami Herald* und spätere freiberufliche Autorin, unter anderem von mehr als 100 Kurzgeschichten, konnte sich Douglas einen Namen machen und ihre berufliche Kompetenz nutzen, um ihre Überzeugungen öffentlich zu machen. Das Buch »The Everglades: River of Grass«, 1947 erschienen, trug merklich dazu bei, die öffentliche Meinung zu beeinflussen und die Bedeutung von Erhalt und Wiederherstellung der Natur in Südflorida ins Rampenlicht zu rücken. Oft als Pionierin des Umweltbewusstseins in Amerika bezeichnet, erhielt sie zahlreiche Auszeichnungen für ihr Engagement im Umweltschutz. Neben dem *Communications Award* des *Explorers Club* erhielt sie die *Presidential Medal of Freedom*, die 1945 erstmals von Präsident Truman gestiftet wurde, um außerordentliche Verdienste während des Krieges zu würdigen. 1963 wurde die Medaille unter der Schirmherrschaft von Präsident

John F. Kennedy als höchster ziviler Verdienstorden der Vereinigten Staaten in Friedenszeiten neu eingeführt.

Der Charakterdarstellerin Sigourney Weaver (geboren 1949) brachte ihre Rolle als Dian Fossey (siehe S. 161) in dem Film »Gorillas im Nebel«, der 1988, ein Jahr nach Fosseys Ermordung, entstand, eine *Oscar*-Nominierung und den *Golden Globe* ein. Der Film erzählt die bewegende Geschichte der Primatenforscherin, die in Ruanda mitten unter den seltenen Berggorillas lebte und einzigartige Kommunikationsmethoden zu ihnen entwickelte. Nach diesem Film, der die Aufmerksamkeit der ganzen Welt auf die Notlage der Gorillas lenkte, nutzte Weaver ihren Bekanntheitsgrad, um den *Dian Fossey Gorilla Fund* zu unterstützen, dessen Ehrenvorsitzende sie später wurde; die Stiftung setzt sich für die Ideale und Visionen von Dian Fossey ein, den Erhalt der Gorillas und ihres Lebensraumes. Mit ihren vielfältigen Talenten und Fähigkeiten kämpft Weaver auch an anderen Fronten des Umweltschutzes. Bei der Vorbereitung einer Strategiesitzung für die Generalversammlung der Vereinten Nationen schilderte sie die Bedrohung für den Lebensraum Meer, eine Folge der hochtechnisierten Fangmethoden, die in der Industriefischerei zur Anwendung kommen, und als Sprecherin der BBC-Dokumentation »Planet Earth« rückte sie die Wunder dieser Welt ins Rampenlicht. Sie engagiert sich außerdem für Not leidende Menschen, vor allem Frauen und Behinderte.

Die erste Präsidentin des *Explorers Club*

Die ersten Jahre nach der Aufnahme der ersten Frauen in den *Explorers Club* kennzeichneten eine Periode, in der man den zahlreichen weiblichen Forschungsbeiträgen die längst überfällige Anerkennung zollte. In dieser

Zeit wurden Frauen in buchstäblich jeder Kategorie mit Auszeichnungen und Ehrungen bedacht, nahmen als Teammitglieder und Leiterinnen an Flaggenexpeditionen teil, führten den Vorsitz in Ausschüssen und wurden in den Vorstand des Clubs berufen.

Eine Männerdomäne hatten sie indes noch nicht erobert, doch das sollte sich bald ändern: Im April 2000 wurde die Umweltschützerin Faanya L. Rose (geboren 1938) zum 34. Präsidenten des Clubs gewählt. Die Südafrikanerin stürmte damit die letzte Bastion und wurde die erste Frau in der 96-jährigen Geschichte des Clubs, die dieses Amt bekleidete. Rose war von dem gleichermaßen resoluten Thor Heyerdahl als Clubmitglied nominiert worden und löste Dr. Alfred S. McLaren ab, den bekannten Polarforscher und ehemaligen Kommandanten eines Nuklear-U-Boots, der diese Führungsposition von 1996 bis 2000 innehatte.

Lorie Karnath mit Faanya L. Rose.

Rose verbrachte ihre Kindheit und Jugend im Buschland von Südafrika, was dazu beitrug, dass sie sich später für den Erhalt der Natur einsetzte und einen ausgeprägten Überlebensinstinkt entwickelte, der ihr in vielen Situationen gute Dienste leistete. Während einer Forschungsreise in einer entlegenen Region Nordindiens rettete sie mit den im Busch gelernten Lektionen ihrem frisch angetrauten Ehemann Robert Rose und den übrigen Expeditionsteilnehmern das Leben. An besagtem Abend waren sie nach Einbruch der Dunkelheit mit dem Bus unterwegs, als ein sintflutartiger Wolkenbruch niederging und der Fahrer den Straßenverlauf nicht mehr erkennen konnte. Im Busch wäre jemand mit einer Laterne vorausgegangen, um sich zu vergewissern, dass der Weg befahrbar war. Ihre Teamkollegen und ihr frischgebackener Ehemann waren alles andere als begeistert, als sie den Bus zwang, anzuhalten, und sich weigerte, die Fahrt fortzusetzen. Als die Türen geöffnet wurden, drangen Wassermassen aus dem Fluss herein, der nur wenige Meter entfernt über die Ufer getreten war. Wären sie weitergefahren, wäre der Bus, der bereits im Schlamm eingesunken war, von der Strömung mitgerissen worden.

Derselbe Instinkt half Rose, sich ihren Weg in der Geschäftswelt zu bahnen: Ihre atemberaubende Karriere im Zentrum der Londoner Hochfinanz ermöglichte es ihr, einen bedeutenden Beitrag zum Erhalt der afrikanischen Flora und Fauna zu leisten. Sie nahm im Lauf der Jahre an mehreren Flaggenexpeditionen teil, einschließlich einer Trekkingtour auf den Mount Everest, wo auf 5330 Meter Höhe ein Basiscamp errichtet wurde, um Daten für die medizinische Höhenforschung zu gewinnen; eine andere Flaggenexpedition, die sie begleitete, hatte zum Ziel, den Spuren bis dato unbekannter nepalesischer Elefantenherden zu folgen; und in Simbabwe errichtete Rose ein Wildreservat.

Während ihrer zweijährigen Amtszeit als Clubpräsidentin förderte sie eine Reihe von Projekten, unter anderem die Entwicklung von Umweltschutzprogrammen und die Erweiterung der Jugend-Forschungsprogramme der Organisation. Sie brachte eine Initiative auf den Weg, um die dringend erforderlichen Mittel für die Renovierung des Gebäudes aufzubringen, das die Zentrale des Clubs beherbergt, und beaufsichtigte die Arbeiten. Für ihre Aktivitäten auf diesem Sektor wurde sie mit der Ehrenmedaille der *New York Society of American Registered Architects* geehrt.

Frauen erforschen die Pole

Anfang des 20. Jahrhunderts, als der *Explorers Club* aus der Taufe gehoben wurde, stellten die Pole ein besonders reizvolles Expeditionsziel dar. Medienrummel und Nervenkitzel hielten selbst dann noch an, als sie mutmaßlich erobert waren. Seit der Zeit der ersten Polarforscher versuchten viele ihr Glück, aber etliche scheiterten.

1896 hatte der Norweger Fridtjof Nansen den bis dato weitesten Vorstoß in den Norden unternommen, musste aber bei 86° 4' nördlicher Breite den Rückweg antreten; ihm folgte 1900 eine italienische Gruppe unter der Leitung von Kapitän Umberto Cagni von der Königlichen Italienischen Marine, die bis 86° 34' nördlicher Breite vordrang und mit einer hart erkämpften zusätzlichen Strecke von etwa 40 Kilometern einen neuen Rekord aufstellte. Wer die Ersten waren, die den Nordpol tatsächlich erreichten, ist nicht sicher geklärt. Es heißt, dass Frederick

Frederick Cook

Cook 1908 und Robert E. Peary 1909 dort ankamen. Beide waren Mitglieder des *Explorers Club* und erklärten, als Erste am Ziel gewesen zu sein. Der Südpol wurde nach vielen Fehlversuchen von Amundsen und Scott 1911 und 1912 bezwungen.

Aufgrund der gnadenlosen Stürme, Gewässer von lebensbedrohlicher Kälte, berstendem Packeis und endloser Reisewege gehören die Pole noch heute zu den weitgehend unerforschten Regionen, denen eine magische Aura anhaftet. Sie repräsentieren die Drehachse der Erde, den Bereich, an dem die Meridiane und Grenzen der Zeitzonen zusammenlaufen. Die Faszination der Pole hält an und verlockt zu immer einfallsreicheren exploratorischen Premieren.

Wegbereiterinnen in der Arktis

Obwohl Anfang des 20. Jahrhunderts die Meinung vorherrschte, das arktische Klima sei zu rau und lebensfeindlich für eine Frau, begleitete Josephine Peary (1863–1955) ihren Mann auf mehreren Arktisexpeditionen. Während einer Forschungsreise per Schiff, die von 1891 bis 1892 dauerte, überwinterte sie als erste nichteinheimische Frau in den Regionen des hohen Nordens. Im folgenden Jahr, schwanger mit ihrem ersten Kind, nahm sie erneut an einer Schiffsreise in die Arktis teil. Während dieser Zeit, im September 1893, kam ihre Tochter Marie Ahnighito zur Welt, die ihr erstes Lebensjahr in einer Inuitgemeinde verbrachte, wo sie wegen ihrer hellen Haut »Ahpoomikaninny«, »Schneebaby«, genannt wurde. Unter diesem

Namen wurde Marie in aller Welt bekannt. Trotz der kulturellen Kluft, die sich nur schwer überbrücken ließ, vor allem bezüglich der Sitten und Gebräuche der Inuit, die beispielsweise rohes Fleisch verzehrten oder sich gegenseitig lausten, schienen Mutter und Tochter das Abenteuer gut überstanden zu haben. Josephine Peary beschrieb ihre Erlebnisse in zwei Büchern, die die Merkmale der Kindererziehung in kalten Klimazonen und ihr Leben unter den Inuit im hohen Norden schildern.

Josephine Pearys Arktiserfahrungen nahmen später allerdings die Dimensionen einer persönlichen Mutprobe an, die ihr die Lust am Abenteuer vergällt haben muss, als sie 1900 allein in den hohen Norden reiste. Ihr Ziel war Etah in Grönland, am Foulke-Fjord unweit von Reindeer Point gelegen. Damals die nördlichste menschliche Ansiedlung der Welt, veranlasste das gnadenlose Klima von Etah selbst die widerstandsfähigen Inuit, das Feld zu räumen und gen Süden zu ziehen; heute sind nur noch einige wenige menschliche Behausungen in diesem verlassenen Dorf übrig. Hier hatte Josephines Ehemann, Robert Peary, der sich zwei Jahre zuvor per Schiff auf seine fünfte Polarkreis-Expedition begeben hatte, Berichten zufolge sein Basislager errichtet. Nachdem sie längere Zeit ohne ein Lebenszeichen von Peary gewesen war, hatte sie schließlich eine Nachricht von ihm erhalten, in der er die Schwierigkeiten dieser Expedition schilderte, schwere Erfrierungen eingeschlossen. Besorgt über seinen Gesundheitszustand, war die unerschrockene Josephine Peary mit ihrer Tochter Marie an Bord der *Windward* zu ihrer Reise, die sich ursprünglich auf die Sommermonate beschränken sollte, aufgebrochen. Als das Schiff Etah erreichte, befand sich Robert Peary, der von der Ankunft seiner Frau und seiner Tochter in Grönland nichts ahnte, bereits in Fort Conger an der Nordostküste der Ellesmere-Insel. Der entlegene Ort, einst ein wichtiger Ausgangspunkt für Polarexpeditionen, ist heute eine historische Stätte im Quttinirpaaq-Nationalpark. Die noch erhaltenen bescheidenen Behausungen, von Peary während seines Aufenthalts in Fort Conger errichtet, verkörpern die wärmespeichernden Baumethoden der Inuit und zeigen, dass die Überlebenschancen in der Arktis größer waren, wenn man sich an heimische Sitten und Gebräuche hielt.

Da sie ihren Mann in Etah nicht antraf, setzte Josephine Peary ihre Reise fort; ihr Ziel war Payer unweit Cap Sabine an der Südküste der Ellesmere-Insel. Doch sie verpasste ihren Mann abermals, und in der Hoffnung, weiter nach Norden vordringen zu können, wurde das

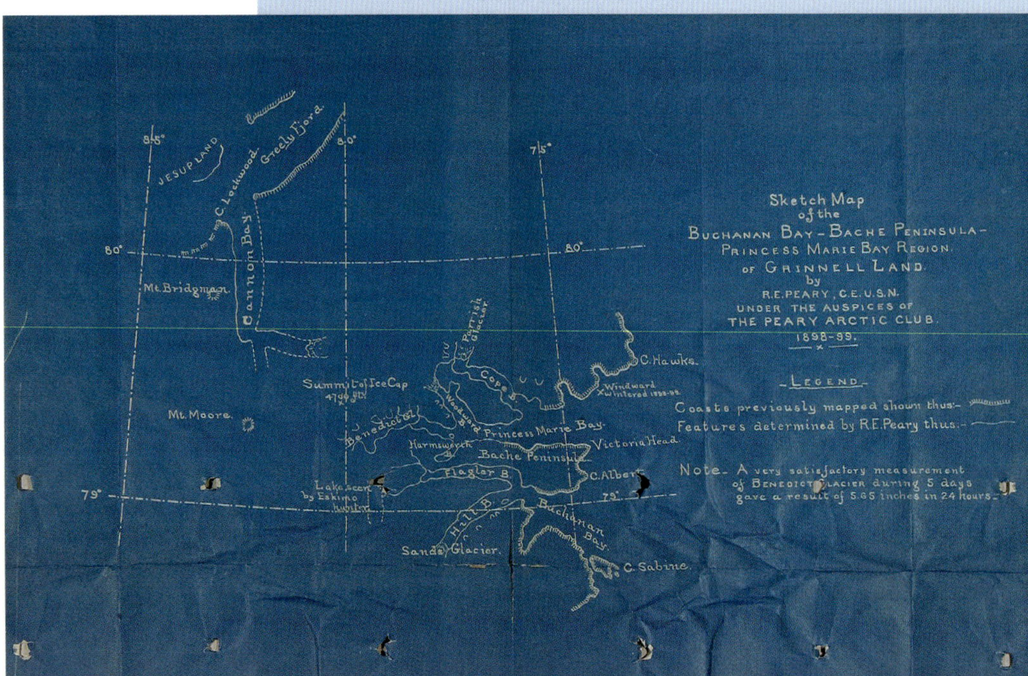

Die »Peary-Map« der Princess Marie Bay auf der Ellesmere-Insel. Die Karte demonstriert Robert E. Pearys ersten Versuch, den Nordpol zu erreichen.

Schiff vor Verlassen des Hafens vom Packeis eingeschlossen und alle Passagiere sahen sich gezwungen, an Bord zu überwintern. Josephine Peary versuchte vergeblich, Einheimische anzuheuern, die sie über das Packeis begleiteten, um zu ihrem Mann zu gelangen. Der Grund für ihre Bereitschaft, dieses zusätzliche Risiko einer Fahrt auf dem Eis einzugehen, war nicht zuletzt die Begegnung mit einem schwangeren Inuitmädchen namens Aleqasina im Hafen von Payer, das behauptet hatte, Peary sei der Vater ihres ungeborenen Kindes. Doch es dauerte weitere neun Monate, bis die zwei schließlich zusammenkamen. Mit dem Eis hatten sich wohl auch die Ressentiments verflüchtigt, die Josephine Peary vielleicht verspürt hatte, denn sie trug ihrem Mann zumindest nach außen hin nichts nach, obwohl dieser inzwischen zwei Söhne mit Aleqasina gezeugt hatte. Sie hielt ihm weiterhin die Stange, trotz der erbitterten Kontroverse, die seine Behauptung auslöste, 1909 den Nordpol erreicht zu haben, und über seinen Tod im Jahre 1920 hinaus.

Eine andere Frau, die über die Gefahren einer Arktisreise mit einem Achselzucken hinwegging, war Miriam Norton Look MacMillan (1905–1987), die im März 1935 den Forschungsreisenden Donald Baxter MacMillan heiratete. Angeblich kannte sie ihren Zukünftigen schon seit dem fünften Lebensjahr. Der 32 Jahre ältere MacMillan war Mitglied der Unterstützungsmannschaft bei der Expedition von Peary und Henson gewesen. Miriam Look MacMillans Vater war Ingenieur, der von einer langen Reihe Seekapitäne abstammte und MacMillans Träume von der Eroberung der Arktis ermutigte. Wenn MacMillan, ein Freund der Familie, zu Besuch kam, schilderte er Miriam seine Abenteuer und sie saß gebannt auf seinen Knien. Er war ihr Held und der Mann ihrer Träume, der auf sie warten und sie ei-

nes Tages heiraten würde. Dieser Traum ging 23 Jahre später in Erfüllung, als Donald 60 und etwas mehr als doppelt so alt wie Miriam war.
Obwohl er zunächst zögerte, seine frisch angetraute Ehefrau auf seine Arktisreisen mitzunehmen, bewies Miriam Look MacMillan rasch ihre Geschicklichkeit an Bord der *Bowdoin,* zu deren Crew sie ab 1938 gehörte. MacMillans Schiff gehörte zu den ersten, die für die Unwägbarkeiten der nördlichen Gewässer ausgerüstet wurden. Insgesamt nahm sie an neun Arktisfahrten der *Bowdoin* teil; dabei zeichnete sie die Lieder und Traditionen der Inuit auf, die heute großen kulturellen Wert besitzen, und schilderte die Härten solcher Expeditionen. Sie steuerte auch als erste Frau ein Schiff eigenhändig durch eine Zone, die sich 1000 Kilometer vom Nordpol entfernt befand. Nach dem Tod ihres Mannes im Jahr 1970 verbrachte Miriam Look MacMillan beträchtliche Zeit damit, die Fülle von Informationen, Fotografien und Erinnerungsstücken zu katalogisieren, die das Paar während seiner Forschungsreisen angesammelt hatte. Sie arbeitete außerdem ehrenamtlich als Kuratorin für das *Peary-MacMillan Arctis Museum.*

Ann Bancroft und Liv Arnesen

Noch heute versuchen viele, die Pole auf unterschiedlichem Weg zu erreichen; ihr Reiz scheint mit der Zeit kaum geschwunden zu sein und sie stellen nach wie vor eine unerschöpfliche Quelle an Herausforderungen im Forschungsbereich dar. Eine der Frauen, die aus ihr schöpften, ist Ann Bancroft (geboren 1955), die ihre Kindheit inmitten zerklüfteter Berge in der ländlichen Region von Minnesota verbrachte und später als Lehrerin für Naturkunde und Sport von dieser Erfahrung profitierte. Für diesen Werdegang musste sie ihre eigene persönliche Herausforderung meistern, da sie Legasthenikerin ist. 1986 gab sie ihre Stellung als Lehrerin auf, um sich einer Arktisexpedition zum Nordpol anzuschließen. Die Expedition, die unter der Leitung von Will Steger stattfand, bestehend aus Bancroft und fünf weiteren Teilnehmern, erreichte ihr Ziel nach einer zermürbenden Hundeschlittenfahrt über das Packeis, die 56 Tage dauerte. Ann Bancroft war die erste Frau, die den Nordpol zu Fuß und mit dem Schlitten bezwang.

Nach diesem Erfolg wartete Bancroft mit weiteren Premieren auf. Sie war die erste Frau, die 1992 auf Skiern Grönland von Ost nach West durchquerte und ein Jahr später abermals die Skier anschnallte, um eine reine Frauenexpedition zum Südpol zu leiten, die mehr als 1000 Kilometer zu-

Ann Bancroft und Liv Arnesen in der Arktis.

Ann Bancroft und Liv Arnesen am Südpol.

rücklegte und schwer beladene Schlitten hinter sich herzog. Es war die erste Frauengruppe, der eine derart anstrengende Tour gelang. Infolge ihrer zahlreichen exploratorischen Leistungen erhielt Bancroft eine Reihe von Auszeichnungen und wurde 1995 in die *National Women's Hall of Fame* der USA aufgenommen.

2001 sorgte Ann Bancroft gemeinsam mit der Norwegerin Liv Arnesen (geboren 1953) für Schlagzeilen als die beiden ersten Frauen, denen es gelang, ohne Hilfe auf Skiern die Antarktis zu durchqueren. Die beschwerliche 2700 Kilometer lange Reise, die Mitte November 2000 begann und im Februar 2001 endete, umfasste die gesamte antarktische Landmasse und führte bis zum Schelfeis. Die Entscheidung, das sogenannte Ross-Schelfeis auszusparen, erfolgte nur, weil der Winter schlagartig hereinbrach und die Frauen zur Umkehr zwang. Für einige Forschungsreisende mag dieser Kraftakt keine vollständige Durchquerung der Antarktis darstellen, doch es war eine atemberaubende Leistung, die längste Expedition auf Skiern, die jemals von Frauen durchgeführt wurde.

Das Buch, das sie später gemeinsam verfassten, »Nur den Horizont im Blick: Zwei Frauen in der Antarktis«, beschreibt die Härten der Wanderung durch die endlose Eiswüste, wobei sie 125 Kilogramm schwere Schlitten mit Ausrüstung hinter sich herzogen oder ein Segel benutzten, wenn der Wind mitspielte. Die beiden Frauen sahen sich auf ihrer Route mit zahlreichen Schwierigkeiten konfrontiert: Frostbeulen und sich schälende Gesichtshaut gehörten noch zu den geringeren Übeln verglichen mit den fortwährenden Schneestürmen, die ihnen die Sicht nahmen und die überall lauernden Gletscherspalten verbargen. Einmal zog sich Bancroft bei einem Sturz eine Verletzung zu, wodurch die Reise zusätzlich erschwert wurde und wertvolle Vorräte auf einem der Schlitten verloren gingen. Doch mit Arnesen hatte sie die richtige Wahl als Reisegefährtin für diese gewagte Expedition getroffen: Sie war ebenfalls Lehrerin und hatte einige Jahre zuvor, 1994, allein auf Skiern den Südpol erreicht. Sie bewältigte die mehr als 1900 Kilometer lange Strecke in 50 Tagen. Am Stadtrand von Oslo aufgewachsen, hatten Arnesens Eltern sie schon als junges Mädchen angespornt, ihren Interessen an Skilanglauf und Polargeschichte nachzugehen. Als talentierte Hochleistungssportlerin nahm sie an Orientierungsläufen und Skilanglauf-Wettbewerben teil, Fächer, die sie auch in der Schule unterrichtete. Abgesehen von ihren Lehr- und Trainingsaktivitäten widmete sie einen beträchtlichen Teil ihrer Freizeit der Rehabilitation von Drogenabhängigen. Sie schrieb mehrere inspirierende Bücher und die Geschichte der Expedition von Arnesen und Bancroft wurde von namhaften Fernsehsendern und Magazinen aufgegriffen. Heute gehören die beiden zu den Spitzen-Polarforschern der Welt und sind ein Vorbild für Mädchen und Frauen. Sie führen gemeinsam ein Unternehmen, das der Exploration gewidmet ist.

Kristin Larson

Obwohl keine Forscherin von Berufs wegen, verkörpert die heute in Washington, D.C., als Umweltschutzanwältin tätige Kristin Larson (geboren 1958) den Inbegriff einer Entdeckerin. Bei ihr offenbart sich auf Anhieb eine immense intellektuelle Neugierde. Angesichts ihres derzeitigen Arbeitsumfelds bedarf es jedoch einiger Fantasie, sich zu vergegenwärtigen, dass dieser Wissensdurst sie dazu verleitet hat, einige Jahre »auf Eis«

zu verbringen, nämlich in Antarktika, das auch Südkontinent genannt wird.

Als leidenschaftliche Hobbyfotografin fühlte sie sich erstmals durch einen Bildband des renommierten Landschaftsfotografen Eliot Porter zum Besuch des Südkontinents inspiriert, dessen Stil sie nacheiferte. Porters Bilder vom unwirtlichen, dem Mars ähnelnden Bull Pass unweit des McMurdo-Sunds bestärkten sie in ihrem Vorhaben, diese Region aus erster Hand kennenzulernen, und drei Jahre später reiste sie dorthin, als Leiterin des US-Antarktis-Forschungsprogramms. Ende der 1980er-Jahre konzentrierte sich ein Großteil der wissenschaftlichen Aktivitäten im arktischen Winter auf Studien des stratosphärischen Ozons, um den Ursachen der Zerstörung und Entstehung des Ozonlochs auf die Spur zu kommen. Als sie in Antarktika eintraf, setzte gerade der Winter ein. Das hätte die meisten Menschen abgeschreckt, doch die lebensfeindliche, ungezähmte Einöde zog Kristin Larson in ihren Bann.

Kristin Larson in Antarktika.

Später zur Leiterin diverser arktischer Forschungsprogramme ernannt, die im Sommer stattfanden, ein Ereignis, das zeitlich mit der Eröffnung des 3870 Quadratmeter großen wissenschaftlichen Labors in der McMurdo-Forschungs- und Logistikstation zusammenfiel, reiste Larson in das »tiefe Feld« des Südkontinents, die antarktische Bezeichnung für das Innere der Region. Dort nahm sie ein Projekt in Augenschein, bei dem in einem Radius von mehreren Kilometern Bohrproben vom Eiskern entnommen wurden, um die Verbindung zwischen Antarktika und anderen Kontinenten zu ergründen. Während dieser Zeit half sie beim Fang von Marmorbarschen, um mehr über die Thermoregulierung dieses Fisches bei Temperaturen unter dem Gefrierpunkt zu erfahren, und schlug ihr Zelt unter mehreren Hundert Kaiserpinguinen auf, um herauszufinden, wie sie überleben, wenn sie bei ihrer Futtersuche länger als 20 Minuten unter Wasser bleiben und dabei Entfernungen von mehr als 500 Metern zurücklegen.

Kristin Larson auf Skiern in Antarktika.

In den darauffolgenden acht Jahren ertrug Larson die entfesselte Naturgewalt in einer Region, in der sowohl das widerstandsfähigste als auch das zerbrechlichste Ökosystem aufeinanderprallen und ein prekäres Gleichgewicht finden, in der fünf Monate Dunkelheit herrscht, der wochenlanges flimmerndes Dämmerlicht bei Tag und bei Nacht vorausgeht und folgt. In dieser harschen und dennoch faszinierenden Umgebung, die die Fantasie jedes Fotografen fesselt, war es lediglich das Bedürfnis, wieder einmal frisches grünes Gemüse zu essen, das sie nach Hause zurücktrieb. Noch heute, fest in Washington, D.C., verwurzelt, leitet sie ihre Selbstdefinition aus dieser arktischen Erfahrung ab.

Kristin Larson mit Pinguinen am Südpol.

Für ihre zahlreichen Beiträge zur wissenschaftlichen Erforschung der Antarktis erhielt Kristin Larson eine Auszeichnung der besonderen Art, die Personen vorbehalten ist, die sich um die Förderung des Wissens über den Südkontinent verdient gemacht haben: Nach ihr wurde ein Berg auf der vulkanischen Ross-Insel in der Antarktis benannt, der »Kristin Peak«. Da es in Antarktika im Verlauf der Geschichte weder eine permanente Besiedelung noch eine Staatshoheit gab und da der Südkontinent von Wissenschaftlern, Forschungsreisenden und anderen entdeckt wurde, werden die Namen der natürlichen Wahrzeichen in der Region durch das Steuerungsgremium des Antarktisvertrages festgelegt. Larsons Kollegen schlugen sie für diese Ehrung vor, wegen ihres langjährigen Einsatzes in wissenschaftlichen Antarktis-Projekten. Die Namensgebung ist vor allem deshalb so außergewöhnlich, weil nur wenige arktische Wahrzeichen nach Frauen benannt sind und Larsons Vorname statt des Nachnamens gewählt wurde. Der Ausschuss kam überein, in diesem Fall von den Gepflogenheiten ab-

zuweichen, weil der Name »Larson« dem Namen des norwegischen Kapitäns Carl Anton Larsen, der die Region Ende des 19. Jahrhunderts erforschte, zu ähnlich war. Diese Ausnahme von der Regel gewährleistete, dass Missverständnisse, wem die Ehre gebührte, ausgeschlossen waren.
Nach eigenen Angaben machte sich Kristin Larson nicht auf den Weg in die Antarktis, um sie zu erforschen, sondern weil sie sich zu den kargen Landschaften auf unserem Planeten hingezogen fühlt, gleich ob es sich um die Sanddünen der Wüste, die schimmernden Polarkappen oder die scheinbar endlos fließenden Meeresströmungen handelt. Ihre Reiseaktivitäten, motiviert von dem Wunsch, die Natur ungefiltert zu erleben, führten dazu, dass sich in ihrem Leben ein Abenteuer an das andere reihte. Sie kämpfte sich in einem Kajak durch meterhohe Wellen und eine mächtige Brandung, um Fische zu fangen, die ihr als Nahrung dienten, überlebte die schlimmsten arktischen Schneestürme und machte immer neue spannende Erfahrungen auf ihren Forschungsreisen.
In engem Kontakt mit der Natur aufgewachsen, konnte sie es leicht mit ihren drei Brüdern aufnehmen, wenn es galt, Baumhäuser zu bauen, Kanu zu fahren oder Kaulquappen und andere »Haustiere« zu fangen, die zu den Amphibien oder Reptilien gehörten. Sie hatte aber auch Spaß an Aktivitäten, denen ihre gleichaltrigen Freundinnen nachgingen, und besuchte beispielsweise Teepartys, wenngleich mit ihren Lieblingsschlangen und lebenden Bananenschnecken im Schlepptau. Diese Vorliebe für alles Urwüchsige, Ungezähmte, die Larson und ihre Brüder an den Tag legten, scheinen sie vom Vater geerbt zu haben, einem Nuklearingenieur, der in den Bergen von Colorado aufgewachsen war, wo er oft den Auftrag erhielt, das Abendessen für die Familie zu erlegen. Von ihm lernte Kristin Larson, Elche zu häuten und Lachse auszunehmen, Fähigkeiten, die für das Überleben in der Wildnis von grundlegender Bedeutung sind, wenn auch weniger in ihrem derzeitigen Aufgabenbereich in Washington, D.C. Als einer der ersten Buschpiloten in der damals noch relativ unberührten südkali-

fornischen Region, nahm der Vater die Familie auf zahlreiche abenteuerliche Ausflüge mit. Er landete mit seiner Maschine in abgeschiedenen Landstrichen, wo sie zelteten, fischten und Wale beobachteten, oder nahm sie zu Wildwasserfahrten in einem Kanu mit, das die Kinder vorher selbst bauen mussten. Abgesehen davon zeichnet sich Larson durch eine weitere vom Vater vererbte Eigenschaft aus: eine unstillbare Neugierde auf das Unbekannte und Unerprobte, die ihre Bereitschaft beflügelt, ihre eigenen Grenzen bei jeder sich bietenden Gelegenheit zu erforschen.

Bevor sie sich der Jurisprudenz zuwandte, gewann Kristin Larson durch ein abgeschlossenes Studium der Biochemie und Naturwissenschaften Einblick in die molekulare Ebene der Natur. Im Anschluss arbeitete sie als Biologin im Everglades-Nationalpark in Florida, wo sie neben ihren anderen Aufgaben die Gelegenheit ergriff, nächtliche Ausflüge in die Salzsümpfe zu unternehmen, die von Lebewesen bevölkert sind, die eigenständig oder mithilfe von Symbionten Licht erzeugen. Diese Unternehmen waren begleitet von den lauernden Blicken unzähliger Alligatoren, die in den Feuchtgebieten beheimatet sind.

Ihr Weg von den Sümpfen über die Antarktis-Forschung bis zur Umweltschutzanwältin stellt eine Entwicklung dar, die schlüssiger ist, als es auf den ersten Blick scheint. Mut, Ausdauer und die Fähigkeit, Misserfolge zu verkraften, die unerlässlich sind, um die Schneestürme in der arktischen Tundra durchzustehen, brachten sie durch das Jurastudium an einer Eliteuniversität und in eine renommierte Anwaltsfirma, ein Karrieregipfel, der für Graduierte in fortgeschrittenem Alter schwerer zu erklimmen ist. In ihrem heutigen Aufgabenbereich, der von ihren wissenschaftlichen Qualifikationen profitiert, kann sie nun an der Gestaltung der Politik zum Schutz und zur Förderung der unberührten Landstriche mitwirken, die sie erkundet hat oder noch erkunden möchte. Solche Umweltschutzbemühungen eröffnen vielen künftigen Generationen die Chance, ihre eigene unbezähmbare Neugierde auf die Welt zu entwickeln und ihr zu folgen.

Frauen forschen zu Land

Dass die meisten Konturen unseres Planeten mittlerweile bekannt sind, hat die Spannung und Herausforderung, die mit der Erforschung der geografischen Grenzen der Erde verbunden sind, nicht gemindert. Was sich gleichwohl merklich geändert hat, sind die Beweggründe dieser Exploration. In der Frühzeit wurde sie von vielen Faktoren motiviert, beispielsweise dem Bedürfnis, Handelswege zu kartografieren, um die Mobilität zu verbessern, Seuchen oder Kriegen zu entgehen und neue landwirtschaftliche Nutzflächen zu erschließen, wenn Missernten infolge einer Dürreperiode oder anderer katastrophaler Wetterbedingungen drohten. Später erhielten die Überlandexpeditionen einen abenteuerlichen Anstrich und dienten dem Ziel, Lücken auf der Weltkarte zu füllen, die als »Terra incognita« gekennzeichnet oder völlig unbekannt waren. In einer Zeit, in der viele entlegene Regionen der Welt noch unberührt waren, fühlten sich die Forscher und Entdecker vor allem von der Hoffnung beflügelt, als Erste den höchsten Berg zu erklimmen, die weitläufigste Wüste zu durchqueren oder sich in die feuchten, dunklen, undurchdringlichen Tiefen des Dschungels vorzuwagen. Heute sind die Entdeckungen weniger durch strategische Aspekte oder Abenteuerlust motiviert, sondern durch einen wissenschaftlich-archäologischen oder ökologischen Kontext und das Bemühen, die aktuellen Daten zur weltweiten Biodiversität zu ergründen sowie die Umstände, die sie beeinflussen.

Vor allem die Schlussfolgerungen aus der Reise Darwins nach Südamerika an Bord des Forschungsschiffes *HMS Beagle* lösten lebhaftes Interesse an der Umwelt und der Veränderung der ökologischen Bedingungen aus. Wie Darwin bereits andeutete, kann ein solcher Wandel beträchtliche langfristige Effekte für das Gleichgewicht natürlicher Ökosysteme haben. Er kann nachhaltige Folgen für eine Vielzahl von Variablen mit sich bringen, z. B. für die Gesundheit: Der Weg von Infektionskrankheiten kann durch Modifikationen beeinflusst werden, die eine Vermehrung von Bakterien, Viren und Parasiten begünstigen, oder durch eine Veränderung der Luftqualität, die Atemwegserkrankungen und Allergien Vorschub leistet. Umweltveränderungen wirken sich außerdem auf rohstoffbasierte Aktivitäten und Industrien, die Planung urbaner Zentren und die Entwicklung und den Erhalt der Infrastruktur aus, zu der beispielsweise auch die Deckung des Energiebedarfs gehört.

Die heutige Feldforschung trägt zur Ergänzung bereits vorhandener und ausgewerteter Datenbestände bei; sie erleichtert den Wissenschaftlern die Dokumentation nachhaltiger Umweltveränderungen, denen die Erde im Verlauf von mehreren Millionen Jahren unterworfen war und ist. Diese Veränderungen, für die es zahlreiche Ursachen gibt, sind noch nicht voll entschlüsselt, obwohl auf der Hand liegt, dass sie Wetter- und Temperaturschwankungen auslösen, die zum Aussterben zahlreicher

Tier- und Pflanzenarten führen. Aktuelle Forschungsergebnisse deuten darauf hin, dass die Erde eine Phase der globalen Erwärmung erreicht hat; in welchem Ausmaß dieser Treibhauseffekt von menschlichen oder natürlichen Faktoren verursacht wurde und wie das Endergebnis aussehen könnte, ist noch nicht ganz geklärt.
Abgesehen von der Beobachtung der Klimaveränderungen und ihrer Auswirkungen dienen die heutige Feldforschung und Studien der Ermittlung optimaler Umweltbedingungen. Obwohl das Szenario der globalen Erwärmung für einige Tier- und Pflanzenarten bedrohlich ist, könnte es sich für andere Spezies als vorteilhaft erweisen. Veränderungen der fragilen Ökosysteme, anthropogene Auswirkungen auf Natur und Umwelt, Klimawandel und der Einfluss dieser und anderer Faktoren – beispielsweise sauren Regens oder bestimmter Schadstoffe – auf die Arten und ihren jeweiligen Lebensraum werden mittels Labor- und Feldforschung analysiert. In dieser Hinsicht steht für die Exploration heute mehr denn je auf dem Spiel.

Mary Nicol Leakey

Mary Nicol Leakey (1913–1996), in London geboren, verbrachte ihre Kindheit und Jugend auf Reisen, da ihr Vater Erskine Nicol Landschaftsmaler und Weltenbummler war, den es nie lange an einem Ort hielt. Obwohl viele Schwierigkeiten mit einem solchen Vagabundenleben verbunden waren, erwies es sich als Glück für das junge Mädchen, als die Familie im Zuge ihrer häufigen Ortswechsel nach Frankreich zog. Dort begegnete die damals zwölfjährige Mary dem Prähistoriker Elie Peyrony, der gerade damit befasst war, eine Höhle in Les Eyzies auszugraben. Damals mangelte es der Archäologie an der wissenschaftlichen Strenge, die sie heute kennzeichnet, und Peyrony hatte im Verlauf seiner Arbeit offenbar einen riesigen Abfallhaufen angesammelt, scheinbar wertlose Überreste seiner Ausgrabungen. Mit Peyronys Einverständnis sortierte Mary diese aus und entdeckte dabei eine Reihe spitzer, werkzeugähnlicher Artefakte, die als Grundlage ihres ersten Klassifikationssystems dienten. Später im selben Jahr traf die Familie bei der Besichtigung der Höhlenmalereien in der Dordogne den Prähistoriker Abbé Lemozi, der gleichzeitig als Dorfpriester fungierte. Es heißt, dass Mary von ihm ermutigt wurde, die Ausgrabungsstätten von Cabrerets zu besuchen, und dieses Erlebnis förderte die Begeisterung für die Archäologie, die sie mit ihrem Vater teilte.

Bedauerlicherweise starb ihr Vater überraschend, während die Familie noch in Frankreich lebte. Als Mary mit ihrer Mutter nach London zurückkehrte, wurde sie in ein katholisches Internat geschickt, dessen restriktive Natur dem jungen Mädchen wenig behagte, sodass sie mehrfach wegen Aufsässigkeit der Schule verwiesen wurde. Das schien sie jedoch in ihrem Entschluss bestärkt zu haben, sich prähistorischen Aktivitäten zu widmen. Infolge ihrer lückenhaften Schulbildung erwies sich die Option eines Universitätsstudiums als unrealisierbar, doch sie besuchte nichtsdestotrotz Vorlesungen über Archäologie und Geologie an der *University of London*. Um Erfahrungen aus erster Hand zu sammeln, wandte sie sich an mehrere Archäologen, in der Hoffnung, sie bei ihren Ausgrabungen als Mitarbeiterin begleiten zu können. Nach vielen Bewerbungsschreiben erhielt sie endlich eine Zusage von Dorothy Liddell, die Ausgrabungen in Windmill Hill, England, leitete, einer wichtigen Fundstätte aus der Steinzeit. Später arbeitete sie ein zweites Mal mit Liddell an einer Grabungsstätte in Hembury Fort, in der englischen Grafschaft Devon, wo sie unter Liddells fachkundiger Anleitung viele für Archäologen wichtige Fähigkeiten erwarb. Ende 1931 leitete Leakey ihre eigenen Ausgrabungen in Essex und veröffentlichte im Anschluss ihre erste wissenschaftliche Abhandlung. Als begabte Illustratorin skizzierte sie die Funde;

die Zeichnungen wurden offenbar in verschiedenen Fachpublikationen veröffentlicht, denn sie weckten die Aufmerksamkeit des berühmten Archäologen Louis Leakey. Er bat sie, sein Buch »Adam's Ancestors« zu illustrieren, ein erster Versuch, die Evolution des Menschen und die Entwicklung der Kultur aufzuzeichnen.

1935 reiste Mary mit Louis Leakey an die Ostküste Afrikas, um mit der Ausgrabungsarbeit in der Olduvai-Schlucht zu beginnen; die beiden heirateten 1936 und bekamen drei Söhne, von denen einer, Richard, ebenfalls ein namhafter Paläoanthropologe werden sollte. Die Olduvai-Schlucht, 48 Kilometer lang und oft als »Wiege der Menschheit« bezeichnet, liegt im Great Rift Valley, im östlichen Teil der Serengeti-Ebene in Nordtansania. Vor Millionen von Jahren befand sich dort ein großer See, dessen Ufer im Laufe der Zeit mit zahlreichen Schichten vulkanischer Asche bedeckt wurden. Vor etwa 500 000 Jahren bewirkten seismische Aktivitäten die Ableitung eines Flusses in dieses Gebiet. Nach und nach bahnte sich der Fluss seinen Weg durch die vulkanischen Ablagerungen und legte sieben primäre, historisch signifikante Schichten an den Steilwänden der Schlucht frei.

Louis und Mary Leakey mit dem Oberkiefer eines gerade entdeckten Schädels, dessen Alter auf 600 000 Jahre geschätzt wird.

Die Leakeys waren die Ersten, die wichtige Ausgrabungen an dieser prähistorischen Stätte durchführten. Mary Leakeys methodische Vorgehensweise und die Lektionen, die sie von Dorothy Liddell gelernt hatte, kamen ihr dabei zustatten; die Arbeit an der Seite ihres Mannes förderte viele primitive und hoch entwickelte Werkzeuge aus der Steinzeit zutage, zwischen

100 000 und zwei Millionen Jahre alt. Doch erst im Jahre 1959 wurden die Olduvai-Schlucht und Mary Leakey weltweit bekannt, als sie den 1,75 Millionen Jahre alten Schädel des *Zinjanthropus*-Menschen entdeckte, auch *Australopithecus boisei* oder »Nussknackermensch« genannt. Der Fund war eine Sensation, weil er die Grundfesten der Evolutionstheorie erschütterte und den Nachweis lieferte, dass die Vorfahren der Hominiden ihre Wurzeln in Afrika hatten und die Ursprünge sich auf einen früheren Zeitpunkt zurückdatieren ließen als bisher angenommen. Im Anschluss daran wurden zahlreiche weitere Schätze in der Olduvai-Schlucht ausgegraben, die dazu beitrugen, die evolutionäre Zeitlinie nachzuzeichnen. Auch der Schädel und die Handknochen eines *Homo habilis* wurden entdeckt, die rekonstruiert wurden und die Schlussfolgerung zuließen, dass sich bei diesen sogenannten »geschickten« Vormenschen bereits eine Art Sprache zu entwickeln begann. Nach dem Tod ihres Mannes im Jahre 1972 setzte Mary die Arbeit in der Olduvai-Schlucht und Laetoli, einer anderen Grabungsstätte in Tansania, fort. 1978 stieß sie auf einen weiteren aufsehenerregenden Fund: die berühmten Fußabdruck-Fossilien, die bestätigten, dass Menschen wesentlich früher als vermutet, nämlich bereits vor 3,6 Millionen Jahren, den aufrechten Gang entwickelt hatten. Diese Entdeckung zwang die Wissenschaftler, die Beziehung zwischen der Vergrößerung des menschlichen Gehirns und dem aufrechten Gang zu überdenken. Die Forschungsaktivitäten, die von den Leakeys in Gang gesetzt wurden, dauern bis zum heutigen Tag an und spielten eine wichtige Rolle bei der Entschleierung des Geheimnisses, das die menschliche Evolution umgibt.

Jane Goodall

Louis Leakey hatte offenbar ein Händchen dafür, außergewöhnlich talentierte Forscherinnen aufzuspüren. Die weltweit bekannte Biologin, Primatologin und Naturschützerin Jane Goodall, 1934 in Bournemouth, Großbritannien, geboren, ließ schon in jungen Jahren lebhaftes Interesse an der Tierwelt erkennen und weckte die Aufmerksamkeit des renommierten Anthropologen, der sie ursprünglich als seine Sekretärin und Assistentin eingestellt hatte. Im Rahmen dieser Tätigkeit erhielt sie die Gelegenheit, mit Louis Leakey und seiner Frau Mary die Ausgrabungsstätte in der Olduvai-Schlucht zu besuchen. Dabei gewann sie offenbar Erkenntnisse aus erster Hand über die Entwicklung der Arten und die Eigenschaften, die als menschlich definiert werden, Lektionen, die ihr in den Jahren, als sie das Verhalten frei lebender Schimpansen beobachtete, gute Dienste leisteten.

1960 reiste Jane Goodall auf Leakeys Anregung hin in den Gombe-Stream-Nationalpark, um Langzeitstudien über Schimpansen durchzuführen. Louis Leakey hatte schon seit geraumer Zeit erwogen, die Lebensbedingungen und natürlichen Lebensräume der Menschenaffen eingehender zu beobachten, um Rückschlüsse auf die Entwicklungsgeschichte des Menschen zu ziehen. Diese Tätigkeit wurde für Jane Goodall zu einer lebenslangen Berufung, auch wenn ihr Interesse an den Schimpansen vielleicht nicht durch Leakey, sondern in erster Linie durch ihren Vater ausgelöst wurde: Er hatte ihr als Kind ein Kuscheltier geschenkt, einen Schimpansen, den sie Jubilee nannte. Ob das Spielzeug die Inspiration für ihre Arbeit lieferte, sei dahingestellt, aber zumindest sollte es sich als prophetische Gabe für ihre künftigen Aktivitäten erweisen.

Jane Goodalls unorthodoxes Vorgehen hinsichtlich der Tierstudien entfachte einen Sturm der Entrüstung und hitzige Debatten im wissenschaftlichen Establishment. Statt ihre Forschungsobjekte wie in Fachkreisen üblich zu nummerieren, um emotionale Distanz zu den Tieren zu wahren, gab sie den beobachteten Primaten Namen, die auf ihren physischen und wahrgenommenen Persönlichkeitsmerkmalen basierten. Trotz der Kontroversen über die Unterschiede in der Methodik beeinflusste Goodalls Arbeit die wissenschaftliche Definition des Menschen. Zu den Beobachtungen, die sie während ihres Aufenthalts im Gombe-Stream-Nationalpark machte, gehörte unter anderem, dass Schimpansen

Jane Goodall mit einem Schimpansen.

nicht nur Werkzeug benutzen, sondern auch anfertigen. Diese bahnbrechende Entdeckung veranlasste die wissenschaftliche Gemeinde, frühere Klassifikationen zu überdenken, die den Menschen vom Tierreich trennen. Dass Tiere in der Lage sind, Werkzeug zu verwenden, war schon vorher bekannt, aber man glaubte, nur der Mensch besäße das Geschick, Werkzeug herzustellen. Diese und andere Entdeckungen trugen zur Erweiterung und Neudefinition der biologischen Kategorie der Hominiden bei, die heute alle Menschenaffen umfasst.

1977 wurde das *Jane Goodall Institute* gegründet, das die Forschungsaktivitäten im Gombe-Stream-Nationalpark fortsetzt und sich einerseits mit den Familien- und sozialen Strukturen der Schimpansen befasst und sich andererseits dem Schutz der bedrohten Tierart und ihrer natürlichen Lebensräume verschrieben hat. Die einflussreiche Organisation ist für ihre innovativen Methoden bekannt und besitzt weltweit 19 Niederlassungen. Ein Ableger des Instituts ist die Jugendorganisation *Roots & Shoots* mit lokalen Gruppen in mehr als 100 Ländern. Als leidenschaftliche Umweltschützerin engagiert sich Goodall außerdem für den Erhalt des Regenwaldes und macht dafür rund um den Globus Werbung. Ihre Umwelt- und humanitären Aktivitäten fanden in Filmen, Büchern, Preisen und Ehrungen ihren Niederschlag. Goodall wurde unter anderem 2002 zur Friedensbotschafterin der UN ernannt und 2004 mit dem *Order of the British Empire* ausgezeichnet. Außerdem wurde ihr der begehrte Kyoto-Preis für überragende Leistungen in der Wissenschaft verliehen und in Ontario, Kanada, trägt ein Fußgängerweg ihren Namen. Zur Bestätigung des weitläufigen Interesses, das ihre Botschaft hervorruft, zollte die Walt Disney Company ihren Verdiensten Tribut, indem sie dem Lebensbaum im Animal-Kingdom-Themenpark eine geschnitzte Skulptur von »David Greybeard« hinzufügte, dem ersten Schimpansen, der im Gombe-Stream-Nationalpark ihre Gesellschaft suchte.

Dian Fossey

1963 sah die amerikanische Zoologin Dian Fossey (1932–1985) ihren ersten frei lebenden Berggorilla. Den Rest ihres Lebens widmete sie der Erforschung dieser Tiere, lebte mitten unter ihnen in den Bergregenwäldern von Ruanda, ihrem natürlichen Habitat, und machte viele einzigartige Beobachtungen.

Gegen den Willen ihres Stiefvaters, der ihr eine Laufbahn im Geschäftsleben zugedacht hatte, folgte Dian Fossey ihrer Tierliebe und absolvierte den Vorbereitungskurs für ein Studium der Veterinärmedizin an der *University of California* in Davis. Schwierigkeiten bei bestimmten wissenschaftlichen Anforderungen in diesem Studiengang veranlassten sie, ihre Optionen zu überdenken, und so machte sie am *San José State College* eine Ausbildung zur Ergotherapeutin. Obwohl der Richtungswechsel für Fossey enttäuschend gewesen sein mag, erwies er sich letztlich als Glücksfall für ihre berufliche Zukunft. Nach dem Studium arbeitete sie in einer Klinik in Louisville, Kentucky, wo sie schließlich die Abteilung für Ergotherapie leitete. Dort hatte sie Gelegenheit, eine Vorlesung von Louis Leakey zu besuchen, die allem Anschein nach einen unvergesslichen Eindruck auf die junge Frau machte, denn danach trug sie sich mit dem Gedanken, sich mit anthropologischen Forschungen zu befassen. Sie lieh sich Geld und reiste nach Afrika, zu Louis und Mary Leakey, die in der Olduvai-Schlucht Hominiden-Fossilien erforschten. Im Verlauf dieser Reise bot sich Dian Fossey erstmals die Chance, einen Blick auf die Berggorillas in der Wildnis Ugandas zu werfen, der sie offenbar zu weiteren Besuchen bewog.

1966 reiste Dian Fossey erneut nach Afrika, dieses Mal für mehrere Jahre, da sie mit Dr. Leakeys Hilfe die Mittel für eine Langzeitstudie über die Gorillas beschafft hatte. Sie begann mit ihrer Arbeit in Kabara, in der heutigen Demokratischen Republik Kongo, doch binnen eines Jahres hatte sich die politische Lage in der Region derart verschlechtert, dass sie sich gezwungen sah, ihre Forschungsbasis in das verhältnismäßig stabile Ruanda zu verlegen. Hier gründete sie die spätere Karisoke-Forschungsstation, tief eingebettet in die Regenwaldregion der Virunga-Berge in der Provinz Ruhengeri. Nun stand ihren Forschungen nichts mehr im Wege und sie entwickelte eine einzigartige Beziehung zu den Gorillas, in deren Mitte sie lebte, vielleicht dank ihrer Ausbildung zur Ergotherapeutin. Sie war die Erste, die entdeckte, dass die Nasen der Gorillas unverkennbare individuelle Muster aufweisen. Sie mit menschlichen Fingerabdrücken vergleichend, fertigte Fossey detaillierte Zeichnungen der Nasen von Gorillas an, die ihr bei den Streifzügen durch den Regenwald begegneten, und notierte methodisch ihre Aktivitäten und ihr Verhalten. Dadurch war sie in der Lage, bestimmte Verhaltensweisen der Tiere zu identifizieren und zu klassifizieren: Beispielsweise signalisierte das Verschränken der Arme vor der Brust friedliche Absichten, und direkter Blickkontakt zwischen Gorillas galt als aggressiv und wurde vermieden.

Dian Fossey mit Berggorillas in Ruanda.

Ihre Aktivitäten wurden weltweit bekannt, als der Fotograf Bob Campbell, der im Auftrag von *National Geographic* ins Camp gereist war, ein Bild von ihr machte, das 1970 auf der Titelseite der renommierten Zeitschrift erschien. Die Fotoreportage überzeugte die Öffentlichkeit, dass das Bild der »Bestien«, ein durch Hollywoodfilme und Unkenntnis entstandenes Vorurteil, wenig mit den porträtierten sanften Riesen zu tun hatte. Berichte von den ersten Forschungsreisenden in dieser Region, die noch Mitte der 1980er-Jahre vom »Schwarzen Kontinent« sprachen, hatten das Erscheinungsbild der Gorillas als grauenerregend und ihr Verhalten als extrem bösartig beschrieben. Paul Du Chaillu, der dieses Gebiet vermutlich als erster Forschungsreisender aus dem Westen besucht hatte, erklärte, der Gorilla sei ein Tier, »das im unteren Geäst der Bäume auf der Lauer liegt und das Kommen und Gehen der Menschen beobachtet; geht einer in ausreichender Entfernung vorüber, packt es den Unseligen mit seinen kraftvollen Pfoten und zieht ihn in den Baum hinauf, wo es ihn in aller Stille erdrosselt«. Fosseys Arbeit trug entscheidend dazu bei, diesen Eindruck zu korrigieren und die grundlose Angst abzubauen, indem sie der Welt einen hautnahen Blick aus nächster Nähe auf die wahre Natur dieser scheuen und friedfertigen Pflanzenfresser bot.

Infolge des Artikels wurde Dian Fossey weltweit bekannt, was ihre Bemühungen förderte, der allmählichen Ausrottung der Berggorillas durch aktive Präventivmaßnahmen entgegenzuwirken. Der rasante Rückgang der Population wurde durch zunehmende Besiedelung, die Jagdgepflogenheiten einheimischer Stämme und Wilderer verursacht. Bevor sich Fossey auf einer Höhe von ca. 3000 Metern an den vulkanischen Hängen der Virunga-Berge niederließ, wurde vermutet, dass zwischen 5000 und 15 000 Berggorillas in dieser Region Ruandas heimisch waren. Dadurch, dass sie mitten unter ihnen lebte, war es ihr möglich, die Anzahl genauer zu schätzen und bei 300 Exemplaren anzusetzen – eine Zahl, die eindeutig auf einen bedrohten Bestand hinwies.

Als sich Dian Fossey Anfang 1982 für die Aufnahme in den *Explorers Club* bewarb, war sie bereits in die USA zurückgekehrt. Als Qualifikation für die Zulassung zum Club wurde die »unabhängige Expedition nach Afrika unter der Schirmherrschaft von Dr. Louis Leakey im Dezember 1966« angeführt. Sie war die Erste und Einzige, die eine Feldforschungsstation für Langzeitstudien an Berggorillas errichtete; das Forschungszentrum im Vulkan-Nationalpark in Ruanda existiert noch heute. Nachdem sie 13 Jahre die wissenschaftliche Leitung des Forschungszentrums innehatte, nahm Dian Fossey den Lehrauftrag an der Cornell-Universität an, um das Datenmaterial auszuwerten, das sie im Rahmen ihrer Feldforschung gewonnen hatte. Ihre Antwort auf die Frage nach ihren Aktivitäten als Referentin lautete: »Alle aufzuzählen würde den Rahmen sprengen!«

Kurz nach der Aufnahme in den *Explorers Club* kehrte Dian Fossey nach Ruanda zurück, um ihre Forschungsarbeit fortzusetzen. Dort wurde sie 1985 brutal ermordet. Sie wurde in ihrer Hütte gefunden, den Schädel mit einer Machete gespalten, die sie Wilderern einige Jahre zuvor abgenommen hatte. Manche glauben, dass der Mord auf ihr Konto geht, weil Fossey ihnen das Handwerk zu legen versuchte, während andere Theorien besagen, ihr Tod sei eine Folge ihrer Bemühungen, zu verhindern, dass die Gorillas für touristische Zwecke ausgebeutet würden. Dian Fossey wurde gemäß ihrem Wunsch in Ruanda auf dem Gelände der Karisoke-Forschungsstation bestattet, auf einem Friedhof für die Gorillas, die eines natürlichen Todes gestorben oder Opfer von Wilderern geworden waren. Sie wurde neben Digit, einem ihrer Lieblingstiere, beigesetzt, der Ende der 1970er-Jahre von Wilderern abgeschlachtet wurde, denen man 20 Dollar für den Schädel geboten hatte. Danach hatte sie den *Digit Fund* gegründet, mit dem Patrouillen finanziert werden, die Wilderei vorbeugen und die Gorillas besser schützen sollen. Der Mord an Fossey wurde nie aufgeklärt.

Biruté Galdikas

Auch Biruté Galdikas wurde von Louis Leakey rekrutiert, als sie 1969 an der *University of California* eine Vorlesung von ihm besuchte. 1946 in Deutschland geboren, war Galdikas mit ihren litauischen Eltern in die USA ausgewandert, wo sie an der *University of British Columbia* und der *University of California* in rascher Abfolge Psychologie, Zoologie und Anthropologie studierte und 1978 in Anthropologie promovierte. Biruté hatte die Vorlesung des berühmten Paläontologen in der Absicht besucht, von ihm in ihrem Vorhaben unterstützt zu werden, Lebensraum und -gewohnheiten der scheuen Orang-Utans zu erforschen. Schon in jungen Jahren hatte sie beschlossen, Forscherin zu werden und Feldstudien zu betreiben. Außerdem hatte sie von Kindesbeinen an eine Vorliebe für Affen: Das erste Buch, das sie sich aus der Bücherei auslieh, handelte von einem neugierigen Affen und trug den Titel »Curious George«.

Biruté Galdikas 2008 mit einem Assistenten und Orang-Utan Isabel, der im Tanjung-Puting-Nationalpark auf Borneo in die Freiheit entlassen werden soll.

Biruté erwies sich als Überredungskünstlerin, denn trotz anfänglicher Skepsis konnte sich Leakey schließlich für die Idee erwärmen. Einige Zeit vorher hatte er vergeblich versucht, Jane Goodall für ein Forschungsprojekt über diese bemerkenswert intelligenten Tiere zu gewinnen, über die nur wenig bekannt war. Nach der Begegnung mit Biruté holte Leakey alle erforderlichen Genehmigungen für eine Feldstudie der Orang-Utans im Dschungel von Borneo ein. Mit seiner Hilfe und der Unterstützung der *National Geographic Society* schlug die damals 25-Jährige ihr Forschungscamp an der Küste der Javasee auf, ein flaches Gewässer im Sunda-Schelf südlich von Borneo. Sie ergänzte Leakeys Frauen-Triumvirat, das »Leakeys Engel« genannt wurde, Studien an Menschenaffen durchführte und spektakuläre Erkenntnisse über die Ursprünge des Menschen lieferte. Im »Camp Leakey« lebte Galdikas in einer primitiven, aus Baumrinde gezimmerten Hütte am Rande des unwirtlichen Dschungels von Borneo, heimgesucht von Blutegeln, fleischfressenden Insekten und Wilderern der menschlichen Spezies. Damals gab es dort weder Straßen noch Elektrizität oder Telefonverbindungen, doch das schreckte sie nicht ab. Mehr als 30 Jahre, länger als alle anderen fortlaufenden artspezifischen For-

Orang-Utan

schungsprojekte dauerten, studierte sie Habitat, Verteidigungsverhalten, Ess-, Schlaf- und Spielgewohnheiten der Orang-Utans, die sich seit 14 Millionen Jahren im Kontext der Biodiversität des Regenwaldes bewährten.

Wieder war es die Zeitschrift *National Geographic,* die einen von Galdikas verfassten Leitartikel veröffentlichte und der Welt die ersten Nahaufnahmen dieser großen frei lebenden Affen präsentierte. Ihre Studien konzentrierten sich nicht nur auf die Verhaltensaspekte dieser Primaten, sondern auch auf die Bedeutung und den Erhalt des rasant schrumpfenden Lebensraumes, in dem sie heimisch sind. 1986 gründeten Galdikas und einer ihrer ehemaligen Doktoranden eine Stiftung, die *Orangutan Foundation International,* um diese ungewöhnlichen Tiere zu schützen, die heute infolge von Wilderei und Zerstörung des Regenwaldes vom Aussterben bedroht sind.

1981 schlug ein Mitglied des *Explorers Club* schriftlich alle drei Leakey-Rekrutinnen als Neuzugänge vor. Zu den beschriebenen Verdiensten gehörte die Feldforschung »über Menschenaffen, unsere engsten lebenden Verwandten«, in deren Verlauf sie »das Wissen um diese frei lebenden Primaten erheblich erweitert« hatten. Das Schreiben endete mit der Empfehlung: »Für ihr Engagement in der Forschung und ihre Beiträge zum Wohl der Menschheit verdienen sie es, ernsthaft für eine Mitgliedschaft im *Explorers Club* in Betracht gezogen zu werden.«

Anna Curtenius Roosevelt

Die neuartige exploratorische Arbeit der Anthropologin Anna Curtenius Roosevelt (geboren 1946), Urenkelin des früheren US-Präsidenten Theodore Roosevelt, die sich auf die menschliche Evolution und die Wechselbeziehung zwischen Mensch und Umwelt fokussiert, trug maßgeblich dazu bei, die konventionellen Vorstellungen von der Vorgeschichte der beiden Amerikas aus den Angeln zu heben. Ihre Entdeckungen, die umfassende Belege für eine frühe Hochkultur im Amazonasdelta lieferten, brachten etliche Theorien über diese Region ins Wanken und bescherten ihr viele begehrte Auszeichnungen und Ehrungen für ihre bahnbrechenden Forschungsmethoden und -ergebnisse. Nach Abschluss ihres Studiums an der *Stanford University* promovierte sie an der *Columbia University*, beides *cum laude*. Danach war sie für verschiedene Museen tätig, u. a. zehn Jahre lang als Kuratorin der Abteilung Archäologie am *Field Museum of Natural History* in Chicago, wo sie eine breit gefächerte Palette von Ausstellungen über menschliche Ökologie, Archäoastronomie, Kunst und Kulturgeschichte der beiden Amerikas realisierte. In dieser Zeit wurde sie als Dozentin für Anthropologie an die *Univer-*

Anna Roosevelt bei der Erörterung von Felszeichnungen, die der Berechnung der Mondphasen gedient haben könnten, Monte Alegre, Brasilien, 2007.

sity of Illinois in Chicago berufen. Zu den zahlreichen Ehrungen, die sie erhielt, gehören die *Explorers Club Medal*, die Goldmedaille der *Society of Women Geographers*, der *Wings Trust Award*, der *Order of Rio Branco*, die Bettendorf-Medaille und diverse Stipendien und Zuschüsse zur Förderung ihrer Forschungen.

Roosevelt führte die Flagge des *Explorers Club* mit, als sie 1983 ein Forschungsprojekt auf der brasilianischen Flussinsel Marajó leitete. Mithilfe interdisziplinärer geophysischer Techniken suchte sie nach einer Bestätigung für die Existenz einer vorgeschichtlichen Besiedelung der Insel. Wie es scheint, spielten die Tropen eine bedeutende Rolle bei der evolutionären Anpassung des Menschen, sowohl im biologischen als auch im

Anna Roosevelt mit einem solarbetriebenen Computer und Drucker bei der Taperinha-Shellmound-Ausgrabungsstätte, Brasilien, 1993.

kulturellen Bereich, doch dieser Aspekt war vor Roosevelts Feldforschung nur unzureichend dokumentiert, da es sich in einem solchen Umfeld als Sisyphusarbeit erwies, hieb- und stichfeste Beweise für diese Hypothese zu finden. Trotz des leicht zerstörbaren organischen und stratigrafischen Materials in tropischen Klimata gelang es Anna Roosevelt und ihrem Team, neue Daten zu ermitteln, die dazu beitrugen, Licht in die kulturellen Aktivitäten, Organisations- und Kommunikationsstrukturen einer uralten Hochkultur am Amazonas zu bringen, die nachweislich von 1300 bis 400 v. Chr. auf der Insel Marajó lebte.
Bis heute hat Anna Roosevelt ihre bahnbrechende Forschung im tropischen Regenwald des Amazonasbeckens fortgesetzt und ihre Arbeit auf die Suche nach Hominiden und Belegen für eine nachhaltige Landnutzung auf den Kongo ausgedehnt.

Margaret Lowman

Dr. Margaret (Meg) Lowman (geboren 1953), langjähriges Vorstandsmitglied des *Explorers Club*, verbrachte einen großen Teil ihres Lebens in den Wipfeln der Bäume. Ein ungewöhnlicher Weg für eine Frau mit einer erdverbundenen Biografie, die lange Zeit eine Forschungsstation für Schafe und Rinder im australischen Outback leitete. Doch in den letzten drei Jahrzehnten verdiente sie ihren Lebensunterhalt mit dem Erklimmen von Bäumen und entwickelte neue Möglichkeiten, das Blätterdach hautnah zu erkunden und zu studieren, das in ihren Augen den »achten Kontinent« unseres Planeten darstellt. Ihre innovativen Beiträge zur Erkundung des Regenwaldes und Förderung zukünftiger Forscher haben ihr die respektvolle Bezeichnung »Großmutter der Baumkronen-Studien« eingetragen.

Meg Lowman auf dem längsten *canopy* der Welt im *Amazon Center for Tropical Studies* bei Iquitos, Peru.

Um den Zugang und das Wissen um die fragilen Ökosysteme in den Wipfeln der Bäume zu verbessern, entwickelte Lowman Techniken, bei denen sogenannte »canopies«, bestehend aus Hängebrücken oder Seilen, Laufstege, Heißluftballons und Baukräne zum Einsatz kommen, je nach Ort und Umständen. Gleich zu Beginn ihrer beruflichen Laufbahn baute sie den ersten *canopy* in den Baumkronen Nordamerikas. Als Leiterin der Organisation *Environmental Initiatives* und Dozentin für Biologie und Umweltstudien am *New College* in Florida konzentriert sie sich vornehmlich auf die Ökologie der Baumkronen, wobei die Beziehung zwischen Pflanzen und Insekten in verschiedenen Regionen der Welt den Schwerpunkt ihrer Forschungen bildet. Einer ihrer derzeitigen Kreuzzüge führt sie in die Regenwälder unserer Erde, wo sie die biologische Vielfalt der Baumkronen und die von ihnen geförderten fragilen Ökosysteme »kartografiert«.

Um mehr Verständnis und Unterstützung für den Regenwald zu schaffen, der unserem Planeten unschätzbare Vorteile bietet, hält sie Vor-

Meg Lowman auf dem *canopy* des Myakka-River-State-Park bei Sarasota, Florida.

Meg Lowman bei der Überreichung eines Preises durch Allen Brill und Dan Bennett.

lesungen über ihre Abenteuer im Dschungel und rührt unermüdlich die Werbetrommel für Schutz und Erhalt der Waldregionen. Dabei spricht sie eine breit gefächerte Zielgruppe an, angefangen bei Kindern, deren Zukunft von unserem derzeitigen Umgang mit den natürlichen Gaben der Erde abhängt, bis hin zu Topmanagern in Unternehmen, die mit ihren Entscheidungen die Gegebenheiten unserer Umwelt beeinflussen. Statt Raubbau mit den kostbaren Ressourcen zu treiben, zeigt Lowman alternative Einkommensquellen auf, die den Einheimischen Einkünfte durch Ökotourismus und eine nachhaltige landwirtschaftliche Nutzung der Baumkronen sichern. Im Rahmen dieser Bemühungen war Lowman eine der Leiter/innen der ersten und zweiten Internationalen Konferenz zur Baumkronenforschung und wirkte am Jason-Projekt mit, einem interaktiven »Klassenzimmer« von *National Geographic*.

Für ihre Umweltschutzaktivitäten in der Domäne des Regenwaldes erhielt Lowman zahlreiche Auszeichnungen; sie schrieb über ihre Erfahrungen und zog nebenher noch zwei Söhne groß. Sie bereiste die ganze Welt, um sich für den Einsatz von *canopies* in der Baumkronenforschung, Ökotourismus und Aufklärungskampagnen starkzumachen. Sie nahm zahlreiche junge Feldforscher unter ihre Fittiche und erkundete oft in Begleitung ihres eigenen Nachwuchses die Wipfel der Bäume.

Julianne Chase

Dr. Julianne (Julie) Chase (geboren 1954) ist von Beruf Pädagogin. Sie war unter anderem mehrere Jahre »Associate Dean« an der medizinischen Fakultät der *New York University*. Neben ihren erzieherischen Aufgaben interessierte sie sich seit jeher für Kulturanthropologie, Paläontologie und Umweltökologie, ein Hobby, das sie von ihrer beruflichen Basis in New York fortlockte. Doch ihre pädagogische Ausbildung hatte auch auf ihr Wirken in diesem Bereich großen Einfluss. Sie trug maßgeblich zur Förderung der experimentellen Aspekte in der wissenschaftlichen Ausbildung bei. Sie organisierte und führte paläontologische Fossiljagden, Dschungelexpeditionen, Umweltschutz- und archäologische Forschungsprojekte durch.
Julie Chase, die auch als erste Vizepräsidentin des *Explorers Club* für die Mitgliedschaften zuständig war, machte eine Reihe bedeutender Entdeckungen auf paläontologischem Gebiet. Da die Dinosaurier einen Großteil unseres Planeten durchstreiften, musste sie bei der Suche nach ihren Spuren nicht einmal in die Ferne schweifen, da ihr Forschungsfeld nahe lag, nämlich in den relativ unberührten Regionen Nordamerikas. 1991

stieß sie bei einer ihrer Expeditionen, die im Auftrag des *Science Museum of Long Island*, dessen Kuratorin sie viele Jahre war, durchgeführt wurden, in die Badlands von South Dakota und in den Nachbarstaat Nebraska auf einen prähistorischen, 40 Millionen Jahre alten Wildwechsel, der in grauer Vorzeit von Säugetieren benutzt worden war. Einige Jahre später, als Leiterin einer weiteren Expedition, entdeckte sie in der Region des Indian Creek, ebenfalls in den Badlands von South Dakota, ein mehr als 65 Millionen Jahre altes Titanotheren-Fossil (eine ausgestorbene Rhinozerosart). Heute befindet es sich in oben erwähntem Wissenschaftsmuseum von Long Island, wo es als Anschauungsmaterial für angehende Paläontologen dient.

Die nächste Expedition führte sie nach Wyoming, wo sie 1996 eine Reihe von Dinosaurier-Fußabdrücken fand; zur weiteren Ausbeute gehörten außerdem bis dahin unkatalogisierte Fußspuren des *Teradactylus* und Hautabdrücke und Vogelspuren aus der Kreidezeit. Diese Funde weckten großes Interesse bei Dinosaurier-Experten und die fotografischen Dokumente dieser sensationellen Entdeckungen befinden sich heute in den Archiven des *Museum of Natural History* in New York.

Wyoming erwies sich als besonders ergiebige Fundstätte und 1998 gruben Dr. Chase und ein Team vom *Black Hills Institute of Geological Research* eines der am besten erhaltenen Skelette des *Triceratops horridus* aus; der ausgeprägte Schädel dieses Horndinosauriers ist nahezu unbeschädigt. Die Ausgrabungen im fossilen Bett des Lance Creek in Wyoming förderten außerdem *Nanotyrannus*-Zähne zutage und entfachten die wissenschaftliche Debatte, ob der *Nanotyrannus* ein Jungtier des *Tyrannosaurus rex* war oder ob er den Lebensraum mit dem größeren Saurier teilte.

Julie Chase leistete darüber hinaus einen wichtigen Beitrag zu Flaggenexpeditionen des *Explorers Club*. 1997 und 1998 nahm sie an zwei Expe-

Julie Chase an der Ankylosaurus-Ausgrabungsstätte in der Wüste Gobi, Mongolei. Gut zu sehen sind die Rippen dieses Dinosaurierfundes.

ditionen teil, die vom *Explorers Club* und dem *Science Museum of Long Island* gesponsert wurden und aus einem multidisziplinären Team von Wissenschaftlern bestanden, deren Aufgabe die Dokumentation der Biodegradation auf den Osterinseln war. Eine weitere Flaggenexpedition in den Dschungel am Amazonas brachte sie mit den Waorani-Indianern in der Region des Curaray-Flusses in Ecuador in Kontakt. Sie wurde zur Erinnerung an ein Mitglied des *Explorers Club* durchgeführt, den Ethnobotaniker Bob Wallace, der in dieser Region eine bisher unbekannte Pflanze entdeckt hatte, die Lymphomzellen zerstört, wie Laborversuche belegten. Ziel der Expedition war es, den Wuchsort der Pflanze zu finden und einige Exemplare für weitere Forschungen mitzubringen. Obwohl viele von den Waorani verwendete Heilpflanzen gesammelt wurden, verhinderten schwere Regenfälle, dass die Teilnehmer in jenen Teil des Dschungels vordrangen, in dem man die gesuchte Pflanze vermutete. Der Verlauf der Expedition wurde in dem Dokumentarfilm »An Ecuadorian Rainforest Expedition« gezeigt.

Julie Chase verbrachte außerdem beträchtliche Zeit in der Wüste Gobi mit der Sammlung von Dinosaurier-Fossilien, die zu einer Flaggenexpedition in diese Region und zu einem Vortrag über ihre Ergebnisse im *Explorers Club* führten. Zu ihren Funden gehörten Schädel von Ankylosau-

Theropoden-Fußabdruck mit einer Spitzhacke, um die Ausmaße zu veranschaulichen, Wüste Gobi, Mongolei (links). Kralle eines Dinosauriers aus der Gruppe der Ornithomimidae, die sehr groß waren und Straußenvögeln ähnelten (rechts).

riern, Tarbosauriern, Echsen und Säugetieren sowie Fußspuren und Hautabdrücke von Theropoden, die dem Museum für Naturgeschichte in Ulan-Bator, Mongolei, überlassen wurden. 2007 nahm Julie Chase die Clubflagge auf eine Forschungsreise mit, die das Ziel hatte, die ökologischen Veränderungen auf den Galapagosinseln zu untersuchen. Unter der Leitung des Historikers Frank Sulloway, dessen Spezialgebiet die Darwin'sche Evolutionstheorie ist, untersuchte das Team die Umweltfaktoren, die unter anderem zur allmählichen Ausrottung der dort heimischen *Opuntia*-Kakteen führten; dabei kamen fotografische Techniken

Ein Teil des Teams bei der Freilegung eines Ankylosaurusgerippes.

zum Einsatz, die eine Bestimmung der Entwicklung des Pflanzenbestandes ermöglichten.

Ein großes Anliegen von Julianne Chase ist es, das in ihrem Fachbereich gewonnene Wissen weiterzugeben. Zu ihren zahlreichen pädagogischen Projekten gehört auch ein Seminar für Hobby-Paläontologen im Rahmen der praxisorientierten Veranstaltungen des *Explorers Club*.

Frauen erforschen das Meer

Obwohl die Menschheit jahrhundertelang davon träumte, zu erkunden, was sich unter der Oberfläche des Meeres befand, ermöglichte erst die Technologie des 20. Jahrhunderts die Realisierung dieses lang gehegten Wunsches. In den 1930er-Jahren stellte Clubmitglied Charles William Beebe in der *Bathysphere*, einer Tauchkugel mit drei runden Fenstern, die 1934 von Otis Barton entwickelt worden war und dem ungeheuren Wasserdruck standhielt, mit 923 Metern einen phänomenalen Tiefenrekord auf. Zum ersten Mal wurden Meerestiere, darunter viele unbekannte Arten, in ihren natürlichen Lebensräumen auf der mittleren Ebene der Ozeane beobachtet; diese Unterwasserabenteuer entfachten weltweit die Fantasie der Menschen und das Interesse an der Erforschung der Meere. Die *Bathysphere* inspirierte eine Reihe neuer Technologien, die Fahrten und Beobachtungen unter Wasser ermöglichten.

Anfang der 1930er-Jahre wurden außerdem die ersten U-Boote gebaut. Doch erst mit den nukleargetriebenen U-Booten, die man einige Jahre später entwickelte, ließen sich längere Tauchzeiten und umfassende Unterwasserforschungen durchführen. Im Anschluss daran wurden kleine und wendige bemannte Tauchkapseln konzipiert, die leicht zu lenken waren, größere Tiefen erreichten und eine Beobachtung des Meeresbodens gestatteten. Zu den späteren Erfindungen gehörten ferngesteuerte und batteriebetriebene Unterwasserfahrzeuge, die mehr Flexibilität und die Beobachtung der Tiefsee und anderer Wasserkörper ermöglichten.

Einige Forscherinnen und Entdeckerinnen, die heute zur Weltspitze zählen, haben ihren Blick auf die Meere gerichtet, einen der letzten weitgehend unbekannten Lebensräume auf unserem Planeten. Trotz der verfügbaren technischen Hilfsmittel haben Menschen bisher nur ein Prozent des riesigen Areals unter der Wasseroberfläche zu Gesicht bekommen. In diesen teilweise völlig unerforschten Regionen können die verwegenen Forscherinnen neu ansetzen und die geheimnisvollen verborgenen Unterwasserlandschaften erkunden.

Das Wasser repräsentiert ungefähr 97 Prozent der belebten Regionen unseres Planeten und beherbergt schätzungsweise zwei Millionen Tier- und Pflanzenarten, von denen bisher nur wenige Hunderttausend identifiziert wurden. Viele werden möglicherweise niemals bekannt, da der Klimawandel einen erbitterten Konkurrenzkampf in den Ökosystemen und dieser wiederum Veränderungen im Meer ausgelöst hat; dazu gehört beispielsweise eine Beschleunigung der Wasserspiegelerhöhung, die mit der Meereisschmelze einhergeht und zum Aussterben zahlreicher Arten beiträgt. Die heutige Meeresforschung konzentriert sich in hohem Maß auf Beobachtung, Messung und Überwachung dieser Systemveränderungen, um langfristige Entwicklungen und die Auswirkungen zu verstehen, die durch den Klimawandel hervorgerufen werden und Folgen für die Wettermuster haben. Andere Forschungsprojekte befassen sich mit Problemen wie der zunehmenden Wasserverschmutzung, da trotz gesetzlicher Regelungen weiterhin Abfall und Schadstoffe ins Meer gelangen, die Auswirkungen auf Wasserqualität, Flora und Fauna haben.

Eugenie Clark

Die amerikanische Ichthyologin Dr. Eugenie Clark (geboren 1922), auch »Shark Lady« genannt, erforschte Verhalten, Anatomie, Physiologie und Intelligenz von Haien und giftigen Tropenfischen. Im urbanen Umfeld von New York City aufgewachsen, löste der Besuch eines Aquariums bei dem jungen Mädchen das brennende Interesse an Fischen aus, das inzwischen ein halbes Jahrhundert währt. Nachdem sie an der *New York University* mit einer Arbeit über Verhalten und Reproduktion bestimmter Fischarten ihren Doktortitel erworben hatte, verband Clark ihre Liebe zum Tauchsport mit einer Laufbahn in der Meeresforschung, wo sie sich auf marine Lebensformen spezialisierte. Zunächst mit Schnorchel und Tauchausrüstung unterwegs, strebte sie mithilfe von Tauchkapseln in immer größere Tiefen. Die Faszination, die Haie und große Tiefseefische auf sie ausübten, bewog sie zu Forschungsaktivitäten in 4000 Metern Tiefe, und ihre Studien führten zur Entdeckung natürlicher Gifte, die manche Fische ausscheiden, um Haie abzuschrecken.

Eugenie Clark mit einem Hai.

Kurz nach der Promotion gründete Clark 1955 das *Cape Haze Marine Laboratory*, eine nicht primär erwerbswirtschaftlich ausgerichtete Organisation in Florida, die sich anfangs ausschließlich der Haiforschung widmete und inzwischen als *Mote Marine Laboratory* nach Sarasota, Florida,

Eugenie Clark

umgezogen ist. Es befasst sich mit der Erforschung der Meere, mit den Auswirkungen und der Identifizierung von umweltverändernden Faktoren und mit Öffentlichkeitsarbeit; es beherbergt außerdem eine Auffang- und Rehabilitationsstation für marine Lebensformen.

Zu Clarks wissenschaftlichen Projekten gehörte auch eine Flaggenexpedition des *Explorers Club*, die sie 1986 durchführte, um die Ökologie eines unerforschten Korallenriffes vor den Hainan-Inseln im Südchinesischen Meer zu dokumentieren. Sie sammelte mit ihrem Team Informationen über die Fisch-Varietäten in dieser Region und tauchte vor zwei Inseln, die bis dahin noch auf keiner Landkarte verzeichnet waren. In Anerkennung ihrer bedeutenden Beiträge zur Meeresforschung erhielt sie zahlreiche Ehrungen und Auszeichnungen.

Sylvia Earle

Sylvia Earle

Unter den ersten Frauen, die am 19. September 1981 in den *Explorers Club* aufgenommen wurden, war auch Dr. Sylvia A. Earle, geboren 1935 in Gibbstown, New Jersey. Sie wurde im April 2000 zur ersten Ehrenpräsidentin des Clubs gewählt, zur gleichen Zeit, als Faanya Rose den Vorsitz übernahm. Heute ist Earle Ehrenmitglied des Vorstands. Über Wasser stellt sie eine Kraft dar, mit der man rechnen sollte, und unter Wasser ist sie buchstäblich unschlagbar. Ihr Markenzeichen waren die rubinroten Flossen, eine Kreation des Malers und Designers Bob Evans, die heute im *Museum of Modern Art* in New York zu sehen sind und von einer anderen »Meerjungfrau« beim Schwimmen vor den Palau-Inseln benutzt wurden, der Schauspielerin Daryl Hannah. In Schwarz-Weiß sind diese Flossen auch unter dem Namen »Force Fins« bekannt und finden bei den Spezialeinheiten der US-Navy Verwendung. Auf das Konto von Sylvia Earle, die sich weltweit als Ozeanografin, Forscherin und Erfinderin einen Namen gemacht hat, gehen über 100 Meeresforschungsprojekte und der Rekord für den tiefsten Tauchgang ohne Hilfsmittel, den sie bei 317 Metern aufstellte. Sie hält außerdem den Rekord für die meisten Stunden – 6500 – unter Wasser, die sie in teilweise von ihr selbst entworfenen und gebauten Tauchkapseln verbrachte, um das pflanzliche und tierische Leben auf dem Meeresgrund zu studieren. Sie

Sylvia Earles berühmte rubinrote Flossen.

Sylvia Earle, die erste Wissenschaftlerin, die die Tiefen der Ozeane an Bord einer Tauchkapsel erforschte.

leitete mehr als 50 Expeditionen in aller Welt, einschließlich der ersten weiblichen Aquanauten-Mannschaft, die 1970 am Tektite-Projekt teilnahm. Dieses Projekt, nach einem Glasmeteoriten auf dem Meeresboden benannt, konzentrierte sich auf die physischen und psychologischen Auswirkungen bei einem Langzeitaufenthalt unter Wasser. Dafür wurde von *General Electrics* ein einzigartiger Lebensraum geschaffen. Das Unterwasser-Habitat, das aus zwei sechs Meter hohen, durch einen Laufsteg miteinander verbundenen Türmen bestand, basierte auf einem Entwurf, der ursprünglich für die amerikanische Raumstation Skylab gedacht war. Die Türme beherbergten vier kreisrunde Räume mit einem Durchmesser von jeweils vier Metern, die »Mannschaftsquartiere«. Dahinter befanden sich Labor, Maschinenraum, Vorratsraum und eine Kombüse, die mit allem eingerichtet war, was das Herz begehrt. An den Fenstern hingen hellblaue Gardinen, die das Meer ringsum widerspiegelten, und zu den weiteren Annehmlichkeiten der Unterwasser-Villa gehörten Fernsehen, Radio und eine heiße Dusche. Eine Luke am Boden dieser luxuriösen Tauchkapsel ermöglichte den Ein- und Ausstieg der Besatzung bei ihren Forschungsaktivitäten. Unmittelbar nach der Fertigstellung wurde sie auf eine Tiefe von ca. 17 Metern herabgelassen und vor der Insel St. John, die zu den Jungferninseln gehört, in einer kleinen Bucht namens Beehive Bay an Betonstabilisatoren verankert.

Sylvia Earle bei einem Tauchgang.

An diesen Langzeitprojekten unter Wasser, die zwischen zehn und 20 Tage dauerten, waren meistens vier Wissenschaftler und ein Ingenieur beteiligt. Vor allem die NASA und das US-Innenministerium waren daran interessiert, das Verhalten eines Forscherteams zu beobachten, das längere Zeit auf engstem Raum zusammenleben und -arbeiten musste, ähnlich wie in einem Raumschiff. Sylvia Earles Gruppe war die erste, die Umwelt- und Ökologiestudien an Bord des Unterwasser-Habitats durchführte.

Earle bildet derzeit die Speerspitze einer internationalen Initiative zum Schutz der Meere. Sie schätzt, dass ungefähr zwölf Prozent der Landmasse einen gewissen Schutz genießen, die Meere dagegen nur zu einem Prozent. Dadurch leistet man Überfischung und anderen zerstörerischen Aktivitäten, zum Beispiel Müllverklappung und anderen Formen der Verschmutzung, Vorschub, die Korallenriffe und andere marine Lebensformen gefährden. Earle wurde von der *Library of Congress* der *Living Legend Award* verliehen und sie ist »Explorer-in-Residence« der *National Geographic Society*, ein Titel, mit dem die besten Forscher ihres Fachs geehrt werden. Sylvia Earle bereist die ganze Welt, um ihre Botschaft in Vorträgen, Büchern und Fernsehsendungen zu verbreiten und Mitstreiter für ihren Kampf um den Erhalt der vielen Kostbarkeiten zu gewinnen, die das Meer zu bieten hat.

Anne Doubilet

Die renommierte Unterwasserforscherin, Autorin und Fotografin Anne L. Doubilet (geboren 1947), ein weiteres namhaftes Mitglied des *Explorers Club*, wuchs in der Küstenstadt Cape Ann im US-Bundesstaat Massachusetts auf. Als junges Mädchen durchforstete sie die Sandstrände

Anne Doubilet

nach verborgenen Schätzen und kehrte von ihren Ausflügen mit Muscheln, blank polierten Steinen und Seetang-Girlanden zurück. Mit zwölf Jahren führte eine seltene Kinderkrankheit zu einer Lähmung, die jede Bewegung vereitelte und sie ans Haus fesselte. Doch die Krankheit bestärkte Anne nur noch mehr in ihrem Entschluss, die verborgenen Winkel der Meere zu erforschen. Als sie schließlich genas, erfüllte sie sich ihren Kindheitstraum.

Hai

In den letzten 30 Jahren erforschte Doubilet die Meerestiefen unseres Planeten, oft mit ihrer Tochter Emily im Schlepptau, um die Bewohner dieses Unterwasserreichs zu fotografieren. Ihre Aufnahmen, die im *National Geographic Magazine* innerhalb von drei Dutzend Reportagen veröffentlicht wurden, sind atemberaubend. Dazu gehörte auch eine Reportage über die Suche nach Haien, deren weltweite Bewegungen sie in einem Zeitraum von zwei Jahren verfolgte, wobei sie monatelang auf einem Boot lebte. Trotz der zahlreichen Stunden unter Wasser und mehr als 5000 Tauchgängen halten die Aufregung und das Staunen über diese Welt der Wunder unvermindert an. Sie vergleicht ihre Erfahrungen mit dem »Besuch auf einem anderen Planeten, ohne die Erde zu verlassen«. Ähnlich wie bei »Alice im Wunderland« hält diese Unterwasserwelt eine Fülle unverhoffter Überraschungen bereit, vielleicht in Form unbekannter Meeresgeschöpfe oder einer endlosen Palette schimmernder Farben und ständig wechselnder Muster, aus denen das Meer besteht.

Anne Doubilet, die viele Bücher und Artikel über ihre Unterwasserabenteuer geschrieben hat, nutzt ihre Arbeit, um auf die Bedrohung der Lebensräume im Meer aufmerksam zu machen. Besorgniserregend findet

Anne Doubilet erforscht das Hoplo-Riff, Papua-Neuguinea.

sie vor allem die schleichende Zerstörung der Korallenriffe und schmelzenden Eisberge; um auf diese beunruhigenden Vorgänge aufmerksam zu machen, organisierte sie eine Reihe von Fotoausstellungen mit dem Titel »Coral and Ice: From the Ends of the Earth«. Sie zeigt die Welt aus einer einzigartigen Perspektive, die den meisten von uns fremd bleiben wird. Die aufrüttelnden Fotos unterstreichen den Kontrast zwischen der majestätischen Stille der Eisberge, die aus dem Wasser aufragen, und dem vibrierenden Leben in der geheimnisvollen Tiefe des Meeres.

Tintenfisch, Veavea Bay, Lolobau Islands, Papua-Neuguinea (links). Kleine rote Krabbe auf einer Weichkoralle, Sinai, Rotes Meer (rechts).

Doubilet, die für die Aufnahme in die *Women Divers' Hall of Fame* nominiert wurde, ist Vorstandsmitglied von *Wings WorldQuest*. Sie führte Unterwasserexpeditionen rund um den Globus durch und eine ihrer bevorzugten Tauchregionen ist das Rote Meer. Es repräsentiert aus geologischer Sicht einen besonders jungen und reichen Wasserkörper mit einem steil abfallenden Riff in Küstennähe, an dem sich in der Regel besonders große Fischschwärme aufhalten. Bei den Recherchen für eine Geschichte über die Grauen Riffhaie begegnete sie dort einem kleinen flachen, harmlos aussehenden Fisch, der über den sandigen Meeresboden glitt. Wie sich herausstellte, handelte es sich um eine Moses-Seezunge, die ein besonders zerstörerisches Gift freisetzt: Es wird zunehmend stärker, je länger es mit dem umgebenden Wasser Kontakt hat, und ruft eine Lähmung bei jedem Angreifer hervor, der das Pech hatte, auf eine leichte Beute zu hoffen.

Wenn sie sich nicht gerade in der Wunderwelt der Meere aufhält, arbeitet Anne Doubilet in einer von ihr gegründeten Consulting-Gruppe, die sich auf medienbezogene Projekte spezialisiert hat.

Frauen erforschen den Weltraum

In der zweiten Hälfte des 20. Jahrhunderts wusste man kaum etwas über die geheimnisvolle Welt, die sich jenseits der Erdatmosphäre befindet, und die Erforschung barg ähnliche Risiken und Ungewissheiten wie die ersten Forschungsreisen auf der Erde. Überall im Weltraum gab es Meteoriten, Vakuen und unbekannte Gravitationskräfte. Dazu kam die Gefahr, dass die Insassen eines Raumfahrzeugs im Falle technischer Probleme unwiederbringlich im Universum umherirren würden und eine Fehlfunktion beim Wiedereintritt in die Erdatmosphäre ein Verglühen nach sich ziehen konnte.

Walentina Wladimirowna Tereschkowa

Die erste Frau, die sich über die Erdatmosphäre hinauswagte, war die 26-jährige Kosmonautin Walentina Wladimirowna Tereschkowa (geboren 1937), die am bemannten Weltraumflug von Wostok 6 teilnahm. Sie wurde mit dem *Aldrin Quadrennial Space Award* des *Explorers Club* ausgezeichnet, für ihre »Verdienste um die Erforschung des Weltraums im Sinne des Forschers Buzz Aldrin«, des Astronauten, der 1969 gemeinsam mit Neil Armstrong auf dem Mond landete.

Die Wostok 6 startete am 16. Juni 1963, die Flugdauer betrug zwei Tage, 22 Stunden und 50 Minuten, sie umkreiste die Erde 48 Mal und legte eine Strecke von 1,971 Millionen Kilometern zurück. Vor dem Flug hatte Tereschkowa in einer Textilfabrik gearbeitet und sich in ihrer Freizeit dem Fallschirmspringen verschrieben. Als sie von dem Weltraumprogramm erfuhr, hatte sie sich beworben und wurde unter mehreren potenziellen Kandidatinnen ausgewählt, die um die Chance wetteiferten, die erste Frau im All zu werden. Obwohl die Anwärterinnen auf Herz und Nieren geprüft wurden, fiel die endgültige Entscheidung erst einen Monat vor dem Start. Beim Wiedereintritt in die Erdatmosphäre war Tereschkowas Erfahrung als Fallschirmspringerin besonders nützlich und bestätigte ihren Funkrufnamen »Tschaika« (Möwe): Tereschkowa katapultierte sich, wie bei Wostok-Flügen üblich, mit dem Schleudersitz aus der Landekapsel

Walentina Wladimirowna Tereschkowa

und landete einige Hundert Kilometer nördlich von Karaganda in Kasachstan mit dem Fallschirm. Walentina Tereschkowa wurde für ihre Verdienste mit dem Leninorden, dem Ehrentitel »Held der Sowjetunion« und der *Gold Medal of Peace* der Vereinten Nationen ausgezeichnet.
Kurz danach heiratete sie ihren Kosmonauten-Kollegen und Weltraumfahrer Andrijan Grigorjewitsch Nikolajew. Im darauffolgenden Jahr wurde ihre Tochter Elena Andrionowna geboren, der erste Nachwuchs von Eltern, die beide Kosmonauten waren. Obwohl Tereschkowa danach an der Tschukowski-Ingenieurakademie der sowjetischen Luftwaffe studierte und ein Technikerdiplom erhielt, nahm sie nie wieder an einem Raumfahrtprogramm teil.

Sally Kristen Ride

Im amerikanischen Lager dauerte es wesentlich länger, bis die erste Frau den Weltraum eroberte. 20 Jahre vergingen, bis die 32-jährige, 1951 in Kalifornien geborene Sally Kristen Ride als Mitglied der Mission STS-7 an Bord der NASA-Raumfähre Challenger unter dem Kommando von Captain Robert Crippen die Reise ins Universum antrat, die eine Woche dauerte.
Ride hatte sich während ihrer Promotion in Astrophysik an der *Stanford University* für das Astronauten-Training der NASA beworben, als sie in der hochschuleigenen Zeitung die Anzeige las, dass junge Wissenschaftler als Missionsspezialisten gesucht wurden. Das Angebot weckte lebhaftes Interesse: Von den 8000 Kandidaten, die sich meldeten, kamen 35 in die engere Wahl, darunter sechs Frauen. Sobald sie angenommen war, absolvierte Ride 1977 das harte NASA-Trainingsprogramm, das mehrere Jahre dauerte und Fallschirmspringen, Überlebenstechniken im Wasser, die Vorbe-

Sally Ride an Bord der Challenger.

Die ersten Astronauten-Anwärterinnen: Sally Ride, Judith Resnik, Anna Fisher, Kathryn Sullivan, Rhea Seddon.

reitung auf Schwerelosigkeit und Gravitation sowie eine Ausbildung in Navigation und Funkverkehr beinhaltete. Im November 1981 und im März 1982 wurde sie als Kommunikationsoffizier beim zweiten und dritten Flug der Columbia-Raumfähre für den Funkverkehr zwischen der Raumfähre und dem Kontrollzentrum eingesetzt. Ihr erster Raumflug fand am 18. Juni 1983 statt. Im Gegensatz zu ihrer sowjetischen Kollegin machte sie einen zweiten Ausflug ins All, an Bord der Challenger STS-41-G, der acht Tage dauerte und im Oktober 1984 stattfand. Während der Vorbereitungen auf ihren dritten Einsatz 1986 explodierte die Challenger-Raumfähre unmittelbar nach dem Start. Sämtliche weiteren Flüge wurden sofort gestrichen, während ein Untersuchungsausschuss gebildet wurde, der die Ursachen der Katastrophe klären sollte. Sally Ride gehörte zu den Ausschussmitgliedern und zog sich ein Jahr später aus dem Spaceshuttle-Programm zurück, um eine Professur für Physik anzunehmen.

Mae Carol Jemison

Der Endeavor-Flug STS-47, eine Spacelab-Mission, die vom 12. bis zum 20. September 1992 dauerte, brachte eine weitere Premiere für Frauen im Weltraum mit sich. Die hoch qualifizierte Mae Carol Jemison (geboren 1956) war die erste Afroamerikanerin, die als Missionsspezialistin eingesetzt wurde. In Alabama geboren, hatte die mehrsprachige Jemison einen Doktortitel in Medizin an der *Cornell University* erworben sowie eine Facharztausbildung als Chirurgin, einen Abschluss im Fach Chemietechnik und afroamerikanische Studien an der *Stanford University* vorzuweisen. 1982 für das Training ausgewählt, wurde sie 1987 in das Astronautenprogramm der NASA aufgenommen. Nach Verlassen der NASA engagierte sie sich dafür, das Interesse von Kindern an Naturwissenschaften und Weltraum zu fördern, und leitete Forschungs- und Technologie-Entwicklungsprojekte.

Mae Carol Jemison

Kathryn Dwyer Sullivan

Kathryn Dwyer Sullivan

Explorers-Club-Mitglied und Medaillen-Empfängerin Dr. Kathryn Dwyer Sullivan (geboren 1951) war die erste Frau, die einen »Weltraumspaziergang« unternahm. Während der Mission STS-41-G des Spaceshuttles Challenger führte die Amerikanerin am 11. Oktober 1984 eine EVA durch, eine Außerbordaktivität. Dafür benötigt man einen eigens für EVA entwickelten Raumanzug. Da es im Weltraum weder atmosphärischen Druck noch Sauerstoff gibt, muss er beides kompensieren. Dieser »Kokon« schützt außerdem vor der extremen Kälte im Weltraum und Objekten wie Meteoroiden, die durch den interplanetaren Raum driften. Die ersten Tests dieser Anzüge, zu denen auch der Einsatz von Kathryn Sullivan gehörte, sollten gewährleisten, dass die Träger dieser Ausrüstung optimal an die harschen Umweltbedingungen im Weltraum angepasst waren.

Sullivan nahm an insgesamt drei Spaceshuttle-Missionen teil, verbrachte 532 Stunden im Weltraum und wurde 2004 in die *Astronaut Hall of Fame* aufgenommen. Sie ist Geologin und mit dem Meer genauso vertraut wie mit dem All. Sie war maßgeblich an der Entwicklung und Leitung verschiedener Forschungsprojekte beteiligt, z. B. zum Thema Klimakontrolle und globale Veränderungen, Satelliten und Biodiversität der Meere. Seit dem Ausscheiden aus der NASA befasst sich Sullivan eingehend mit Öffentlichkeitsarbeit, vor allem der Förderung der naturwissenschaftlichen Ausbildung in Schulen. 2006 wurde sie zur stellvertretenden Vorsitzenden des *National Science Board* gewählt und 2009 mit der Leitung des Bereichs *General Interest in Science and Engineering* der *American Association for the Advancement of Science* betraut, einer Organisation, die sich die Förderung des wissenschaftlichen Dialogs zum Ziel gesetzt hat.

1999 hielt der *Explorers Club* ein Bankett im *Athletic Club* in New York ab; dabei wurden sieben Astronautinnen, die eine wichtige Rolle für die Besatzung des Raumschiffes spielten, für ihre Weltraumstudien geehrt. Die Auszeichnungen wurden an Dr. Mary Cleave, Dr. Bonnie Dunbar, Dr. Margaret Seddon, Dr. Kathryn Sullivan, Dr. Kathryn Thornton, Dr. Tamara Jernigan und Dr. Mae Jemison verliehen.

Aufnahme eines STS-2-Abschusses vom Kennedy Space Center von Kathryn Sullivan, die sich an Bord einer T-38 befand.

Wings WorldQuest – Milbry Polk und Leila Hadley Luce

Milbry Polk in der Arktis.

Obwohl Frauen bei der Erforschung von Nord- und Südpol, Land, Meer und Weltraum bedeutende Beiträge leisteten, wurden ihre Aktivitäten vor allem im historischen Kontext nicht immer entsprechend gewürdigt. Damit den Entdeckungen und Pionierleistungen von Frauen in der Vergangenheit und Gegenwart die gebührende Anerkennung zuteil wird, gründeten zwei *Explorers-Club*-Mitglieder, die Journalistin und Fotografin Milbry Polk und die Autorin Leila Hadley Luce (1925–2009), 1993 die Organisation *Wings World-Quest*. Sie möchten gewährleisten, dass »Explorationen von Frauen unterstützt und ihre Entdeckungen anerkannt« werden. Zu ihren zahlreichen Aktivitäten gehört auch die Suche nach den Aufzeichnungen von Forscherinnen und Entdeckerinnen, die oft in der Versenkung verschwanden, da man ihnen keinerlei Wert beimaß, eine Folge der generellen Missachtung weiblicher Leistungen auf dem Gebiet der wissenschaftlichen Entdeckungen. Deshalb hat sich die Gruppe dem Ziel verschrieben, die Verdienste bedeutender Forscherinnen und Entdeckerinnen der Vergangenheit »auszugraben«, zu würdigen und zu beschreiben und die Arbeit ihrer heutigen Kolleginnen zu fördern.

Um dieses Vorhaben zu realisieren, wurde eine Reihe langfristiger Projekte ins Leben gerufen, die dafür sorgen sollen, dass Frauen den ihnen zustehenden Platz auf der Skala verdienstvoller Entdeckungen erhalten. Dazu gehört ein Geschichtsprojekt mit Vorträgen über Forscherinnen, die zwi-

Milbry Polk in der Oase von Qara mit dem Bürgermeister.

schen 1920 und 1970 an Explorationen beteiligt waren. Im Rahmen dieses Programmes wurde auch Archivmaterial gerettet und für akademische und andere Forschungszwecke in Bibliotheken und an Universitäten untergebracht. Die Gruppe entwickelte außerdem eine der ersten interaktiven Web-Ressourcen im Forschungsbereich, die als Prototyp für das Lernen im Internet dient: Mehr als 20 Organisationen rund um die Welt sind dadurch in der Lage, sich mit Feldforschern in ihrem Bereich zu vernetzen. Im Laufe der Zeit hat *Wings WorldQuest* weltweite Recherchen durchgeführt und die Bruchstücke der Jahrhunderte umspannenden Beiträge von mehr als 300 Frauen zusammengefügt. Jedes Jahr werden Auszeichnungen an Frauen verliehen, um diese Leistungen anzuerkennen.

Da es mühselig ist, das diskriminierende historische Bild zu korrigieren, verbringt Milbry Polk, Geschäftsführerin der Organisation und selbst eine verdienstvolle Wissenschaftlerin, weniger Zeit mit Feldforschung, sondern geht ihren exploratorischen Neigungen vor allem durch Erwerb, Erhalt und Durchforsten von Dokumenten nach, die historische Unternehmungen von Forscherinnen und Entdeckerinnen belegen. Mit großem Engagement konzentrierte sich die begabte Autorin und Fotografin, deren Arbeiten auf den Titelblättern renommierter Zeitschriften wie *Time, Fortune* und *National Geographic* erschienen, in Artikeln und Büchern auf die Klärung und Korrektur der Fehlzuweisungen von Verdiensten im Bereich wissenschaftlicher Entdeckungen. Außerdem ermutigt und unterstützt sie Frauen, die derzeit aktiv in Forschungsprojekte eingebunden sind. Sie hält Vorträge und ist an einer Reihe von Bildungsprogrammen beteiligt, die das naturwissenschaftliche und exploratorische Interesse von Mädchen und Jungen fördern.

Polks eigene Expeditionen konzentrieren sich vornehmlich auf Regionen im Mittleren Osten, die schon frühzeitliche Entdeckerinnen verlockend fanden: die Wüsten im Jemen und Sudan, in Ägypten, Iran, Pakistan und auf einige asiatische Länder. In jüngster Zeit ist die Arktis in den Brennpunkt ihres Interesses gerückt. Milbry Polks Entdeckergeist und der unermüdliche Einsatz für das Vermächtnis der Forscherinnen und Entdeckerinnen wird bewirken, dass auch ihr eigenes Vermächtnis die Zeiten überdauert.

Was zu erforschen bleibt

Das ursprüngliche Ziel des *Explorers Club* zum Zeitpunkt seiner Gründung war der Wissenserwerb und so lautet auch heute noch die Losung, wobei der Schwerpunkt mittlerweile auf naturwissenschaftlichen und aufklärerischen Aspekten liegt. Im Lauf des letzten Jahrhunderts spielten die männlichen und weiblichen Clubmitglieder eine wichtige Rolle beim Ausfüllen der Leerräume auf der Weltkarte. Ihre Explorationen und Forschungsprojekte trugen dazu bei, das Wissen über unseren Planeten und sogar darüber hinaus zu fördern. Oftmals gängige Theorien aus den Angeln hebend, hatten die Leistungen dieser unerschrockenen Abenteurer, Globetrotter und Forscher grundlegende Veränderungen in unserem Selbst- und Weltbild zur Folge. Exploration setzt definitionsgemäß nicht nur die Bereitschaft voraus, sich über die Grenzen unbekannter Bereiche, sondern auch über den Rahmen gesellschaftlich akzeptierter Gepflogenheiten hinauszuwagen und ein scheinbar bekanntes Terrain aus einer individuellen Warte zu betrachten. Im Verlauf dieses Prozesses eröffneten die Forscher(innen) und Entdecker(innen) Wege für innovative Gedanken, die unserer Wahrnehmung von der Welt und unserem Platz darin neue Impulse verliehen.

Obwohl die Suche die gleiche geblieben ist, haben sich Beschaffenheit, Dimensionen und Format der Unternehmen gewandelt. Im Kontext des 21.

Jahrhunderts geht es nicht länger um das Bemühen, die unbekannten geografischen Bereiche der Landkarte zu füllen. Obwohl Forschergeist, unerschütterlicher Mut und untrüglicher Instinkt, die frühzeitliche Forscher und Entdecker auf der Suche nach neuem Wissen in die Welt hinaustrieben, nach wie vor eine unverzichtbare Voraussetzung darstellen, konzentrieren sich die Expeditionen heute in zunehmendem Maß auf wissenschaftliche Inhalte und die geografischen Explorationen auf die Feldforschung.

Auch wenn ein großer Teil unserer Umwelt bereits erforscht ist, gibt es noch zahlreiche wenig ergründete Regionen auf unserem Planeten. Dazu gehören alle Bereiche, die sich unter- und oberhalb der sichtbaren Ebene befinden. Dazu gehören die schwer zugänglichen dunklen Lebensräume auf dem Meeresgrund, die den Großteil des physischen Volumens der Erde ausmachen und viele unbekannte Tier- und Pflanzenarten beherbergen; aber auch hoch über der Erdoberfläche sorgen die komplexen, biologisch unendlich vielfältigen »Etagen« der Baumkronen in den Regenwäldern dafür, dass unser Planet noch einen großen Teil seiner Geheimnisse bewahrt.

Trotz der Fülle technologischer Errungenschaften wie Satellitennavigation und elektronische Leitsysteme, die heute zur Verfügung stehen, ist die Erdoberfläche noch nicht vollständig kartografiert. Hier haben Forschung und Exploration die Aufgabe, die Kenntnisse über diese Regionen zu erweitern. Die technologischen und wissenschaftlichen Durchbrüche bringen außerdem neuartige Mittel und Möglichkeiten der Erkundung von Regionen mit sich, die man bereits erforscht glaubte. Es liegt auf der Hand, dass Wissenschaft und Technologie eine tief greifende Auswirkung auf das Leben des Menschen und infolgedessen auch auf die Qualität der Entdeckungen haben: Sie gestatten eine genauere Dokumentation, beispielsweise von tierischen Migrationsmustern oder ökologischen Veränderungen. Mit der Einführung von Fernsehen und Computern wurde die

Skala der Bildungsinstrumente erheblich erweitert. Die Forscher(innen) und Entdecker(innen) von heute müssen neue technologieorientierte Fähigkeiten mitbringen und sich mehr denn je über neue Entwicklungen in ihrem Fachbereich auf dem Laufenden halten, damit ihre Forschungsziele relevant bleiben. Solche technologischen Fortschritte bieten verbesserte Methoden, die zunehmend ausgefeilten Entdeckungen und Beobachtungen zu dokumentieren; oft resultieren daraus sensationelle Erkenntnisse über unsere Erde, über Land und Meere, Atmosphäre und Weltraum. Die Errungenschaften der Spitzentechnologie haben in vieler Hinsicht den Weg für neue Formen und Dimensionen der Exploration geebnet, die zu einer neuen Deutung unseres Planeten und der menschlichen Existenz in diesem Kontext führten. Sie waren vielleicht noch tiefgreifender als im 19. und 20. Jahrhundert, dem »Goldenen Zeitalter« der Entdeckungen.

Die Bereiche jenseits unseres Planeten und der ihn umgebenden Atmosphäre beinhalten zahlreiche noch unbekannte Faktoren; der Weltraum bildet ein »Grenzland«, das nur darauf wartet, erobert und erforscht zu werden. Der Mensch hat es bereits geschafft, auf dem Mond zu landen und Raumschiffe in entfernte Regionen der Galaxie zu entsenden. Auf dem Mars wurden Bodenproben entnommen und Eisschichten entdeckt, die Leben unterstützen könnten, und in einem weit entfernten Sternensystem hat man Planeten ausgemacht, die Ähnlichkeit mit der Erde besitzen könnten. Jeden Tag werden neue Planetensichtungen bestätigt und Prozesse im Universum entdeckt, die nach Ansicht vieler Wissenschaftler zur Entstehung des Lebens auf der Erde geführt haben könnten. Vielleicht werden diese Beobachtungen in nicht allzu ferner Zukunft die Hypothese erhärten, dass es außerhalb der Erde noch Anzeichen für die Existenz anderer Lebensformen gibt.

Für radioastronomische Forschungsprojekte und die Suche nach extraterrestrischer Intelligenz werden beispielsweise Instrumente wie das Allen Telescope Array mit 42 Antennen im kalifornischen Kaskadengebirge eingesetzt; und das Kepler-Weltraumteleskop der NASA kann erdähnliche Welten auf fernen Umlaufbahnen genauer in Augenschein nehmen. Fortlaufende Beobachtungen deuten darauf hin, dass es neben den vielen entdeckten eine weitaus größere Anzahl unentdeckter Planeten im Universum gibt. Mit jeder neuen Planetenbestätigung verblasst die Vorstellung von einem heliozentrischen System, weil die Sonne, nicht wie früher angenommen, der Mittelpunkt des Universums, sondern nur ein Stern unter vielen ist. Doch all dies stellt wohl nur den Anfang einer »Odyssee« im Weltraum dar. Vielleicht werden irgendwann Forschungsreisen stattfinden, die die bestehenden physischen Grenzen sprengen, die Herausforderung der Zeitbarrieren überwinden, ausgedehnte Weltraumexkursionen gestatten und die althergebrachten Demarkationslinien und Schwellen der Exploration überschreiten.

Schlusswort

Die Annalen der Forscherinnen und Entdeckerinnen sind so lang wie die Geschichte der Menschheit, obwohl die Liste der Ehrungen und Auszeichnungen, die ihnen zuteil wurden, erheblich kürzer ist. Zu diesen verwegenen Frauen gehören Visionärinnen, Wissenschaftlerinnen, Künstlerinnen und Globetrotterinnen, die aus reiner Abenteuerlust in die Welt hinauszogen. Dabei sahen sie sich oft unermesslichen Gefahren in Form von Naturkatastrophen, Anfeindungen seitens der einheimischen Bevölkerung, heimtückischen Tier- und Pflanzenarten, Unfällen und zahlreichen weiteren Kalamitäten gegenüber. Immer wieder galt es, physische Herausforderungen zu überwinden, wie Erschöpfung, Hunger, Einsamkeit und Heimweh, ganz zu schweigen von den sozialen Barrieren, die eine Rückkehr in das gewohnte gesellschaftliche Umfeld ausschlossen. Doch sie gingen ihren Weg, allen Widerständen zum Trotz, inspiriert vom Reichtum der Erfahrungen, die jenseits der bekannten Grenzen warteten. Ihre Leistungen, oft verborgen oder verkannt, dienten dazu, unser Wissen über die Welt beträchtlich zu erweitern.

Die Entdeckungen, Berichte und Ergebnisse dieser Forscherinnen und Entdeckerinnen trugen und tragen maßgeblich dazu bei, unseren Planeten zu definieren. Mehr als ein Jahrtausend lang haben Frauen ohne Rücksicht auf Leib und Leben gewagt, die gängigen Grenzen ihrer Zeit zu überschreiten und sich auf das Abenteuer der Exploration einzulassen;

von jeder dieser Exkursionen brachten sie einzigartige Informationen mit, geprägt von ihrer individuellen Persönlichkeit, ihren Lebensumständen, ihrer Kultur und ihrer Epoche. Sie haben die Geschichte der Exploration bereichert und nicht nur eine Neupositionierung unseres Planetensystems, sondern auch des Platzes bewirkt, den wir darin einnehmen.

Im Lauf der Jahrhunderte haben sich die Schlüsselmerkmale der Exploration verändert. Die Motive, die den ersten Forschungsreisenden Antriebskraft verliehen, sind heute anders geartet. Die persönlichen Aspekte bei vielen Expeditionen der Frühzeit, oft geprägt von dem Wunsch, einen eigenen Beitrag zu den geografischen Konturen der Landkarte zu leisten, haben einer Herangehensweise Platz gemacht, die sich in höherem Maß am Gemeinwohl ausrichtet. Die Geografie, wie sie früher definiert wurde, ist nicht länger das Leitmotiv der Exploration, zumindest was den Planeten Erde betrifft. Die Forscher(innen) und Entdecker(innen) können heute in den meisten Fällen ihr Ziel aus einem kartografierten Teil der Landkarte wählen und die Routen sind ebenfalls verzeichnet. Was sich geändert hat, ist der Blickwinkel, aus dem man die bereits benannten Forschungsziele betrachtet. Sinn und Zweck einer Expedition bestehen nicht mehr ausschließlich darin, den Bestimmungsort zu erreichen, sondern es gilt, das Wissen über die Welt in einem bestimmten Kontext zum Ausdruck zu bringen, geografische Regionen anhand ihrer Umweltparameter auf vielen Ebenen kennenzulernen und die Beschaffenheit von Flora und Fauna, die Entstehung ihrer Umgebung und deren Besonderheiten, die Ressourcen und die Geschichte der Menschheit aus einer Fülle unterschiedlicher wissenschaftlicher und kultureller Perspektiven zu betrachten.

Forscherinnen und Entdeckerinnen werden weiterhin eine wichtige Rolle spielen, denn es gibt immer noch unendlich viel zu entdecken. Sie haben prägenden Einfluss auf unsere Zukunft. Obwohl sich die Exploration heute zunehmend auf wissenschaftliche Bereiche verlagert, erfordert sie, gleich ob vor Ort oder im Labor, den Instinkt der ersten Abenteurer, die ein bestimmtes Ziel auswählten und ansteuerten, um mehr darüber zu erfahren. Die Forscher(innen) und Entdecker(innen) von heute und morgen werden auch weiterhin Eigenschaften wie Vorstellungskraft, Mut und Entschlossenheit verkörpern, die Entdeckungen ermöglichen und neue Erkenntnisse fördern. Exploration und Entdeckung werden ihren Platz an vorderster Front behaupten, während wir darum kämpfen, die Kräfte der Natur auszubalancieren, zu lenken und dabei gleichzeitig das Wohl der Menschen im Auge zu behalten. Durch verstärkte Explorations- und Feldforschungsaktivitäten werden Informationen gewonnen, die den kritischen Zustand natürlicher Prozesse auf unserem Planeten sichtbar machen. Sie tragen dazu bei, prekäre Gleichgewichte in unserer Umwelt zu überwachen und aufrechtzuerhalten, weisen auf Bruchstellen in den natürlichen Puffern und Ausgleichsmechanismen hin, die sich auf ökologische Landschaften auswirken. Die Exploration mag noch heute eine individuelle Suche sein, aber sie stellt kein Mittel für die individuelle Bereicherung dar, sondern konzentriert sich auf Probleme, die sich auf das Überleben unseres Planeten beziehen und für alle Menschen relevant sind.

In Übereinstimmung mit seiner ursprünglichen Vision und Zielsetzung ist und bleibt der *Explorers Club* ein Forum für Spitzenforscher und Entdecker aus aller Welt, mit der bemerkenswerten Neuerung, dass Frauen in dieser illustren Gesellschaft endlich ein gewichtiges Wörtchen mitzureden haben.

Anhang

Literatur

Anema, Durlynn: »Harriet Chalmers Adams«, Greensboro 1997.

Atkins, Jeannine: »How High Can We Climb: The Story of Women Explorers«, New York 2005.

Bell, Gertrude: »The Desert and the Sown: Travels in Palestine and Syria«, Mineola 2008.

Brown, Don: »Uncommon Traveler: Mary Kingsley in Africa«, Boston 2003.

Butler, Susan: »East to the Dawn: The Biography of Amelia Earhart«, New York 1999.

Butts, Ellen/Schwartz, Joyce: »Eugenie Clark: Adventures of a Shark Scientist«, North Haven 2000.

Earhart, Amelia: »Last Flight«, Auszüge aus der Korrespondenz, zusammengestellt von George Palmer Putnam, New York 1988.

Earle, Sylvia: »Dive: My Adventures in the Deep Frontier«, New York 1999.

Gibb, Lorna: »Lady Lester: Queen of the East«, London 2005.

Golden, Kristen/Findlen, Barbara/Hanft, Adam: »Remarkable Women of the Twentieth Century«, New York 1998.

Goodall, Jane: »My Life with the Chimpanzees«, New York 1996.

Imperato, Pascal & Eleanor: »They Married Adventure: The Wandering Lives of Martin and Osa Johnson«, Piscataway 1992.

Jahme, Carole: »Die Schönen und das Biest. Frauen in der Primatenforschung«, München 2001.

Kingsley, Mary: »Die grünen Mauern meiner Flüsse«, München 1996.

Mangus, Marylin: »Annie Smith Peck: Queen of the Climbers«, London 1997.

Marsden, Kate: »On Sledge and Horseback to Outcast Siberian Lepers«, London 1892.

Marsden, Kate: »Riding Through Siberia: A Mounted Medical Mission in 1891, Kentucky 2005.

McLoone, Margo: »Women Explorers of the World«, Mankato 1999.

Mead, Margaret: »Jugend und Sexualität in primitiven Gesellschaften«, Eschborn 2000.

Middleton, Dorothy: »Victorian Lady Travelers«, Chicago 1997.

Nienaber, Georgianne: »Gorilla Dreams: The Legacy of Dian Fossey«, Bloomington 2006.

Waldo, Anna: »Sacajawea (Lewis & Clark Expedition)«, New York 1984.

Wallach, Janet: »Königin der Wüste: Das außergewöhnliche Leben der Gertrude Bell«, München 2003.

»Doings on Ladies' Night at the Explorers Club«, *New York Times*, 23. Mai 1909.

»Ideas and Trends in Summary; Explorers Club Discovers Women«, *New York Times*, 19. April 1981.

Als hervorragende Quelle haben mir außerdem die Aufzeichnungen, Briefe und Schriften des *Explorers Club Archive* gedient.

Bildnachweis

S. 6	Sammlung Roethenmund/Karnath
S. 9	Sammlung Roethenmund/Karnath
S. 13	Siegel des Explorers Club
S. 14	Explorers Club Archive
S. 15	Explorers Club Archive
S. 16	Explorers Club Archive
S. 18/19	Weltkarte aus dem Jahr 1819, die die Reisen von Captain Cook darstellt; Sammlung Roethenmund/Karnath
S. 21	Nordisk familjebok
S. 23	Olaus Magnus, 1539; James Ford Bell Library, University of Minnesota
S. 25	TommyBee
S. 28	Brendanconway
S. 32	picture-alliance/maxppp; ©Costa/Leemage
S. 34	United States Mint
S. 35	Charles Marion Russel, 1905
S. 41	Walter Besant, Survey of Western Palestine, 1880
S. 45	entstanden 1861; Library of Congress, Washington, D.C.
S. 46/47	Aufnahme aus den 1880er-Jahren; Library of Congress, Washington, D.C.
S. 51	ullstein bild/Granger Collection
S. 52	entstanden zwischen 1869 und 1879, C. Duhem & Brother; Library of Congress, Washington, D.C.
S. 53	aufgenommen 1908 von Arnold Genthe; Library of Congress, Washington, D.C.
S. 58	aufgenommen zwischen 1890 und 1900; Library of Congress, Washington, D.C.
S. 60	ullstein bild/Granger Collection
S. 62	Royal Geographical Society, London
S. 65	ullstein bild/Roger Viollet
S. 69	aufgenommen 1921 von American Colony (Jerusalem); Library of Congress, Washington, D.C.

S. 71 ©Süddeutsche Zeitung; Photo/Rue des Archives

S. 74 aufgenommen ca. 1899 von der Detroit Photographic Company; Library of Congress, Washington, D.C.

S. 75 Lorie Karnath

S. 76 Maurice Chédel

S. 81 TalesOfOldChina.com

S. 86 Sammlung Roethenmund/Karnath

S. 91 aufgenommen 1912 von Harris & Ewing; Library of Congress, Washington, D.C.

S. 93 Explorers Club Archive

S. 96/97 Smithsonian Institution/NASA

S. 98 Explorers Club Archive

S. 102 ©Süddeutsche Zeitung; Photo/SSPL/Science Museum

S. 105 aufgenommen zwischen 1930 und 1950 von Edward Lynch; Library of Congress, Washington, D.C.

S. 109 Explorers Club Archive

S. 111 Explorers Club Archive

S. 116/117 Archiv der Autorin

S. 120, S. 121, S. 122/123 Craig Chesek

S. 125 Darren Tanke

S. 127 Milbry Polk

S. 129 mit freundlicher Genehmigung von Anna Roosevelt

S. 132 Craig Chesek

S. 133 Ang Rita Sherpa

S. 136 Carole Bohrer

S. 139 MEV-Verlag, Waltraud Baeuerle

S. 140 Explorers Club Archive

S. 142 Explorers Club Archive

S. 145, S. 146 www.yourexpedition.com

S. 148 Franklin Schurz

S. 149 Dr. Jeffrey Bozanic

S. 150 Dr. Gerald Kooyman

S. 153 Yannick Demmerle

S. 157 ullstein bild/TopFoto

S. 160 Steve Robinson/picture-alliance/NHPA/photoshot
S. 163 ullstein bild/AP
S. 166 Associated Press/Photo Irwin Fedriansyah
S. 167 MEV-Verlag, Digital-Archiv
S. 169 John E. Douglas
S. 170 Diego Goldberg/ACR
S. 172 Jessica Wheeler
S. 173 Carlton Ward
S. 174 Craig Chesek
S. 177 Dr. Henry Kriegstein
S. 178 links: Dr. Julie Chase
S. 178 rechts: Darren Tanke/Royal Tyrell Museum
S. 179 Dr. Julie Chase
S. 181 Anne Doubilet
S. 183 mit freundlicher Genehmigung von Dr. Eugenie Clark
S. 184 Tak Clark
S. 185 oben: Explorers Club Archive
S. 185 unten: mit freundlicher Genehmigung von Dr. Sylvia Earle
S. 186 mit freundlicher Genehmigung von Dr. Sylvia Earle
S. 187 mit freundlicher Genehmigung von Dr. Sylvia Earle
S. 188 Milbry Polk
S. 189 Anne Doubilet
S. 190/191 Dr. Stephen Kogge
S. 192 Anne Doubilet
S. 194 Test eines SAFER-Systems während einer EVA; NASA
S. 195 www. spacefacts.de
S. 197 NASA
S. 198 NASA
S. 199 NASA
S. 200 Debbie Rowe
S. 201 NASA
S. 202 Milbry Polk
S. 203 Douglas Griffes
S. 207 Solar-System-Montage; NASA
S. 31, S. 39, S. 56, S. 73 Quelle unbekannt

Dank

Ich möchte mich bei folgenden Personen bedanken: Gracie Almeida, Dan Bennett, 36. Vorsitzender des *Explorers Club*, Carole Bohrer, Linda Brown, Kendall Casey Goodman, Dr. Julie Chase, Catherine Nixon Cooke, Dr. Catherine Communal, Lauren DeCuir, Constance Difede, Dr. Sylvia Earle, Rita Evans, Maura Glikas, Sue Rose Jones, Rob Jutson, Sheila Karnath, Mark Kassner, Dan Kobal, Kristin Larson, Esquire, Denise Martino, Milbry Polk, Dr. Mabel Purkerson, Ermina Roethenmund, Robert Roethenmund, Dr. Christoph von Rohr, Faanya Rose, Mariel Rugg, Dr. Dorthea Sartin, Dr. Eleanor Smalley, Eileen Sullivan, Matt Williams und allen Frauen, die in der Vergangenheit und Gegenwart ihrem Forschungsdrang gefolgt sind und der Entdeckerfreude ein Denkmal gesetzt haben.

Art Direction: Wolfgang Heinzel
Herstellung und Satz: VerlagsService Dr. Helmut Neuberger
& Karl Schaumann GmbH, Heimstetten
Gesetzt aus der 11/17 Punkt Minion
Reproduktionen: Reproteam Siefert, Neu-Ulm
Druck und Binden: Print Consult GmbH, Grünwald b. München
Printed in the EU
ISBN 978-3-7243-1023-5

Abenteuer Geschichte

38 S., ISBN 978-3-7766-2616-2

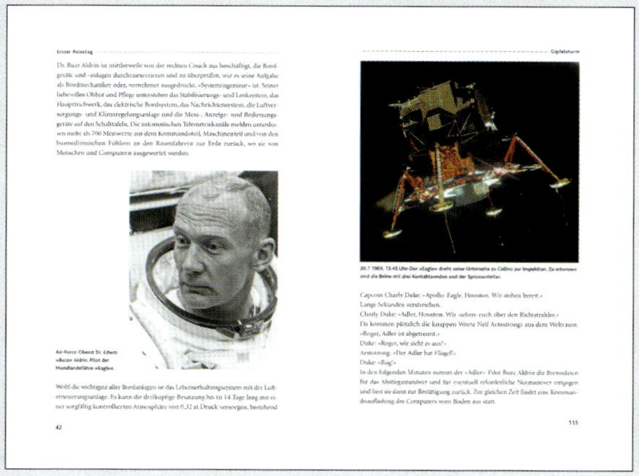

224 S., ISBN 978-3-7243-1023-5

2 S., ISBN 978-3-7243-1022-8

Alle Titel sind durchgehend mit Fotos bebildert

Großformat
17,3 x 24,5 cm

HERBIG · terra magica